콤팩트 여행프랑스어회화

콤팩트
여행프랑스어회화

2008년 6월 5일 초판 1쇄 발행
2014년 10월 25일 초판 4쇄 발행

엮은이 Enjc 스터디
발행인 손건
편집기획 손용희
마케팅 이언영
디자인 김선옥
제작 최승룡
인쇄 선경프린테크

발행처 **LanCom** 랭컴
주소 서울시 영등포구 영신로 38길 17
등록번호 제 312-2006-00060호
전화 02) 2636-0895
팩스 02) 2636-0896
홈페이지 www.lancom.co.kr

ⓒ Enjc 스터디 2008
ISBN 978-89-89059-88-2   13760

이 책의 저작권은 저자에게 있습니다. 저자와 출판사의 허락없이
내용의 일부를 인용하거나 발췌하는 것을 금합니다.

여행 프랑스어 회화

Enjc 스터디 지음

쾌락은
우리를 자기 자신으로부터 떼어놓지만,
여행은
스스로에게 자신을 끌고 가는 하나의 고행이다.

- Albert Camus -

머리말

단체로 프랑스여행을 가면 현지 사정에 밝은 가이드가 안내와 통역을 해주기 때문에 말이 통하지 않아 생기는 불편함은 그다지 크지 않을 수 있습니다. 하지만, 외국인을 직접 만나서 대화를 하거나 물건을 구입할 때 등의 경우에서는 회화가 절대적으로 필요하며 여행지에서의 자유로운 의사소통은 여행을 한층 즐겁고 보람차게 해줄 것입니다.

언어 때문에 부담스러운 여행이 아니라 즐거운 프랑스여행이 되기 위해서 출국에서 안전하게 귀국에 이르기까지 그때그때 상황에 맞는 유용한 프랑스어 회화표현만을 엄선하였습니다. 따라서 상대방의 이야기를 듣고 천천히 그리고 확실하게 자기가 하고 싶은 말을 할 수 있도록 하였으며, 실제로 프랑스로 여행을 떠날 때 이 책 한 권을 주머니에 넣고 출발하면 베스트 가이드가 될 것입니다.

이 책은 다음과 같은 특징으로 꾸며졌습니다.

콤팩트 여행회화

여행지에서 간편하게 휴대하고 다니면서 쉽게 꺼내 볼 수 있도록 한 손에 쏙 들어가는 콤팩트 사이즈로 만들었습니다.

여행할 때 유용한 회화표현

프랑스로 여행, 출장, 방문을 할 때 현지에서 유용하게 사용할 수 있도록 꼭 필요한 회화만을 엄선하여 찾아보기 쉽도록 사전식으로 구성하였습니다.

장면별 회화 구성

여행을 떠나기 전에 알아두면 유용한 기본표현은 물론 출국, 도착, 숙박, 식사, 관광, 쇼핑, 교통, 여행 트러블 등 여행자가 부딪칠 수 있는 장면을 다양하게 설정하였습니다.

보기 쉬운 맞쪽 편집과 패턴드릴

필요한 장면에 부딪치는 상황이 오면 즉석에서 찾아 바로 활용이 가능하도록 우리말을 먼저 두었으

며, 보기 쉽도록 맞쪽으로 편집하였습니다. 또한 단어를 넣어 대입할 수 있는 패턴을 통해 다양한 표현을 활용할 수 있도록 하였습니다.

원어민의 발음에 충실한 한글 표기

프랑스어를 잘 모르더라도 누구나 쉽게 발음할 수 있도록 모든 회화표현 및 단어에 한글로 발음을 표기해두었으며, 그 발음은 가능한 원음에 충실하여 표기하였습니다.

본문전체가 녹음된 mp3 파일 무료제공

본문전체가 녹음된 mp3 파일을 랭컴출판사 홈페이지(www.lancom.co.kr)에서 무료로 제공하고 있습니다. 여행을 떠나기 전에 미리 다운받아 공부를 하는 것도 언어에 대한 두려움을 없애는 데 도움이 될 것입니다. 녹음은 한국인 성우가 먼저 하나의 표현을 말한 다음 원어민이 그 표현에 해당하는 프랑스어를 들려줍니다. 프랑스어 발음을 들은 다음 그와 같이 발음하도록 반복해서 연습하십시오.

Part 1
기본표현

인사 38
간단한 문답 42
방문과 소개 54
거리에서의 질문 68

Part 2
상황표현

생활필수품 74
벼룩시장 78
쇼핑 80
여행지에서 82
스포츠 86
호텔에서 88
레스토랑에서 100

Part 3
시간·수·색

요일 126
월 130
계절과 날씨 134
시간 138
수 144
색 146

차례

Part 4 통신·은행

우체국에서 150
전보 보내기 154
전화 156
환전 162
세관 164

Part 5 교통기관

여러 가지 교통기관 ... 172
지하철 176
철도 178
공항에서 186
자동차 운전 190
자동차 수리 200

Part 6 긴급사태

긴급상황 208

여행준비

해외로 여행을 하려면 무엇보다 사전에 준비가 철저해야 한다. 출국에 앞서 가장 기본적인 준비는 여권 만들기(구여권) → 방문국의 비자취득(비자면제국가는 제외) → 각종 여행정보 수집 → 국제운전면허증 등 각종 증명서 만들기 → 출국 교통편 정하기 → 숙박 예약 → 환전 및 여행에 필요한 짐 챙기기 등이 있다. 물론 이러한 준비는 여행사를 통해서 간편하게 할 수 있다.

여권(passport)

여권은 외국을 여행할 때 여행자의 신분과 국적을 증빙하고, 그 보호를 의뢰하는 문서로써 해당 기관 즉, 외무부 여권과 및 시청, 구청, 군청 등에서 발급받는다. 여권 발급시의 구비서류는 다음과 같다.

① 여권 발급 신청서 : 1부
② 여권용 사진 : 2매(3.5×4.5cm 뒷배경은 하얀색)
③ 발급 비용

종류	유효기간	수수료	대상
복수여권	10년	55,000원	만 18세 이상 희망자
	5년	47,000원	만 18세 이상 희망자
			만 8세 이상 ~ 만 18세 미만자
		15,000원	만 8세 미만자
			기간연장 재발급 해당자

	5년 미만	15,000원	국외여행허가대상자
			잔여 유효기간부여 재발급
단수여권	1년	20,000원	1회 여행만 가능
기재사항 변경		5,000원	동반 자녀 분리
			사증란 추가(1회)

④ 주민등록증이나 운전면허증
⑤ 병무 확인서(병역의무자에 한함)

■ 여권 발급에 소요되는 기간은 5~7일이나 성수기에는 7~10일 정도가 걸린다.

■ 외교통상부

주소 : 서울시 종로구 수송동 80번지 Korean Re
      대한재보험빌딩 4층

전화 : · 영사과 확인창구

      (02) 720-0460 / (02) 2100-7500

    · 여권과 창구 (02) 2100-7593~4

    · 해외이주 창구

      (02) 2100-7578 / (02) 720-2728

비자(visa)

비자는 여행하고자 하는 국가 기관(대사관)에 의뢰하면 입국을 허가하는 공식 문서로써 방문국가가 결정되면 먼저 비자 필요여부를 확인해야 한다. 비자가 필요한 국가들 중에는 방문목적과 체류기간

에 따라 요구하는 구비서류가 다른 경우가 있다. 비자에도 입국의 종류와 목적, 체류기간 등이 명시되어 있으며, 여권의 사증란에 스탬프나 스티커를 붙여 발급하게 된다.

짐을 꾸리기 전에 반드시 확인하자

여행 일정에 가장 중요한 일은 짐을 꾸리는 일이다. 대충 짐을 꾸렸다가는 여행지에서 낭패를 보기 십상이다. 여행지의 기후나 풍토에 대한 정보를 충분히 알아보고 의식주에 관한 준비를 하는 것이 꼭 필요하다.

여권과 항공권·현금·신용카드·필기도구와 운전면허증 및 각종 서류는 작은 가방에 넣어 별도로 소지하는 것이 좋다.

① 여권 : 사진이 있는 면을 복사해서 여권과 별도로 보관한다.
② 항공권 : 출국과 귀국날짜, 노선, 유효기간을 확인해 둔다.
③ 현지화폐 : 교통비 입장료 등의 소액
④ 여행자수표 : 현금과의 비율은 2 : 8정도

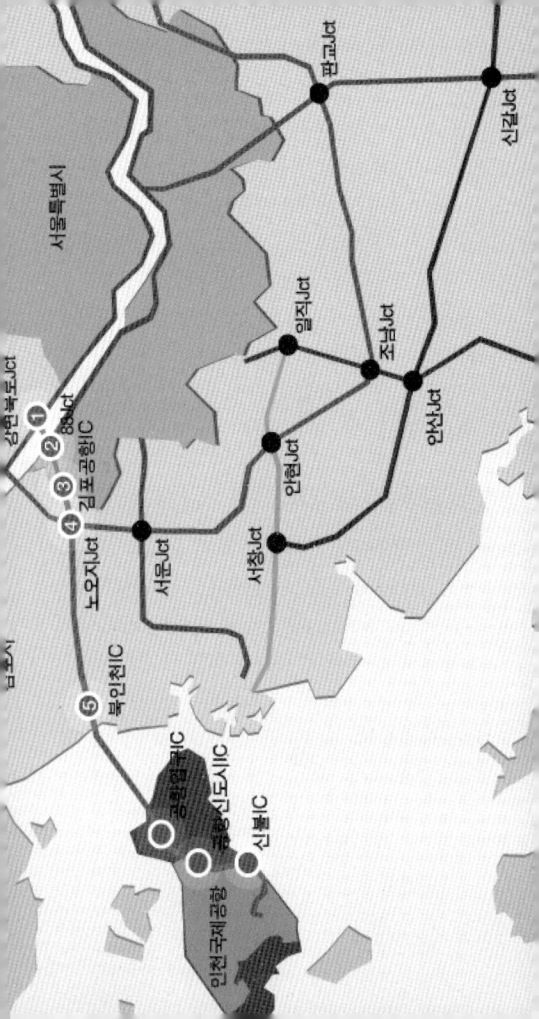

인천국제공항 가는 길

인천국제공항고속도로

인천국제공항고속도로는 공항 이용객의 정시성 확보를 최우선으로 감안하여 지역간 통행 기능을 배제하고 오직 인천국제공항 방면으로만 통행이 가능한 공항전용 고속도로이다. 즉, 인천국제공항고속도로로 진입하면 중간에서 김포공항이나 인천지역 등으로는 갈 수 없다.

인천국제공항고속도로는 6~8차선으로 총연장은 40.2km(방화대교 ↔ 인천공항)이다.

인천국제공항고속도로 진입로 현황 (5개소의 진입로)

① 은평, 마포 등 서울의 북서부 지역
  → 강변북로 및 자유로와 연결되는 북로 JCT
② 강남, 서초, 영등포, 여의도 등의 지역
  → 올림픽대로와 연결되는 88 JCT
③ 김포공항 및 강서지역
  → 김포공항 IC
④ 김포, 부천, 시흥, 일산 등의 지역
  → 외곽순환고속도로와 연결되는 노오지 JCT
⑤ 동인천 및 서인천 지역
  → 북인천 IC

인천국제공항고속도로 통행료

구 분	서울(신공항영업소)	인천(북인천영업소)
경 차	3,550	1,700
소형차	7,100	3,400
중형차	12,100	5,900
대형차	15,700	7,600

- 신공항하이웨이(주) (http://www.hiway21.com)
- 인천국제공항고속도로 문의 : (032) 560-6100

자가용 이용시 유의사항

여객터미널 출발·도착층 진입로는 버스와 승용차(택시포함)의 진입로가 분리되어 있으므로 도로안내표지의 승용차·택시용 진입차선을 반드시 지켜서 진입해야 한다.

출발층(고가도로, 3층)에서는 택시, 승용차 구분 없이 목적하는 항공사와 가까운 위치에서 승·하차할 수 있다. 단, 승·하차를 위한 5분이상의 정차는 안 된다.

도착층(지상, 1층)에서는 택시, 승용차의 정차위치가 지정되어 있으므로 지정된 위치에서 정차 후 승·하차해야 한다.

출발·도착층에서는 장시간의 정차가 허용되지 않으므로 승·하차 후 즉시 출발해야 한다.

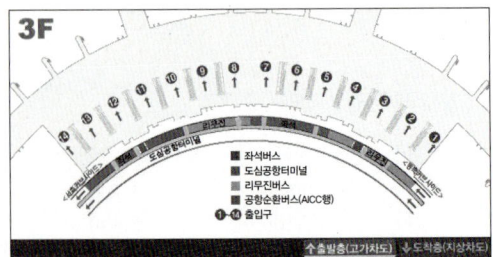

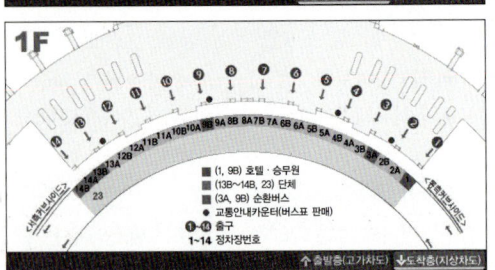

인천 ↔ 영종도 해상항로

인천에서 선박을 이용하여 인천국제공항으로 가고자 하는 여객의 경우 월미도 ↔ 영종도 해상항로를 이용할 수 있다. 운항시간 매일 05:00~21:30이고, 운항간격은 약 15~20분이며, 도선료는 1,000원(대인 1인 기준)이다.

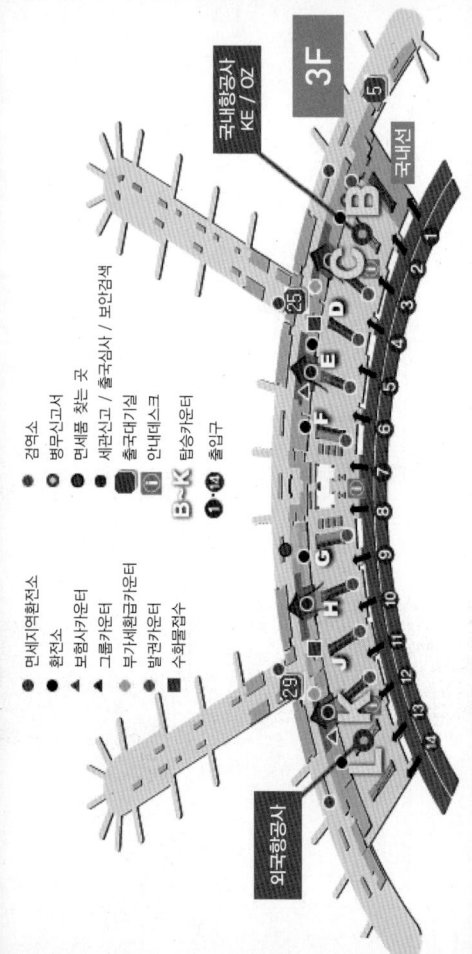

프랑스어에 관하여

파리의 개선문 (the Arc de Triomphe)

현대 프랑스어는 켈트어와 라틴어의 결합에 그 기원을 둔다. 선사시대에 동유럽으로부터 이주해 온 켈트족은 현재의 프랑스와 영국을 포함하는 서유럽 대부분의 지역을 차지했다. 서기 1세기에 당시 '골'이라고 알려진 프랑스는 로마의 침략을 받는다. 이렇게 하여 전해진 점령자 로마인들의 라틴 구어(口語)가 이 지역의 켈트 방언과 결합하여 새로운 언어로 탄생한다. 5세기 경 게르만계 프랑크족과 10세기 경 노르만족(바이킹)의 침입은 당시의 프랑스 언어에 흔적을 남기지만, 프랑스어는 그 뿌리를 라틴어에 두고 있고 스페인어, 이태리어에 가깝다는 이유로 로만스어로 분류된다.

중세의 프랑스어는 여러 방언이 존재했지만 크게 남북으로 양분된 지방어 형태로 구분할 수 있다. 17세기 특히 루이 14세가 강력한 중앙집권적인 국가를 형성했을 때 파리 지역의 프랑스어가 대표적인 방언이 되었고, 프랑스 대혁명기에 프랑스어가 표준화 되기에 이르렀다. 18세기 이래로 전체적으

프랑스어에 관하여

로 약간의 변화만이 있었던 프랑스어는 20세기에 들어서면서 사회, 기술진보와 관련된 구어체와 단어들이 프랑스어에 점차 영향을 미치기 시작했다. 역사상 영어와 프랑스어는 두 가지 측면에서 서로 관련이 있다. 켈트족이 프랑스와 영국에 자리잡았을 때와 1066년에 프랑스어를 사용했던 정복자 윌리엄이 영국에 침입하여 해스팅즈 전투에서 해럴드 2세 왕을 패배시키고 영국의 왕이 되었을 때이다. 그 몇 년 후 프랑스어는 영국궁정과 귀족계급의 언어가 된다. 때로는 두 언어의 유사한 점이 발견되는데 많은 프랑스어 단어와 표현들, 예를 들면 'courtesy', 'duke', 'honest', 'gentle'이 중세 영어로 전해졌고 그 후 현대 영어가 탄생하게 된다. 오늘날 영어 단어의 삼분의 일이 프랑스어에 기원을 두고 있다.

16, 17세기경 프랑스인들은 신대륙에 정착하고, 19, 20세기에 아프리카와 아시아의 일부 지역을 식민지화한다. 이렇게 해서 전세계로 퍼져나간 프랑스어는 현재 약 일억 오백만의 인구가 사용하고 있다. 유럽 이외의 지역으로는 캐나다의 퀘백주, 카리브해와 아프리카 일부지역 그리고 태평양과 인도양의 섬들에서 쓰여지고 있다. 프랑스어는 이 지역의 언어에 영향을 주었고 새로운 언어로 발전

하는 근원이 되기도 했는데 한 예로 케이준어(루이지애나와 그 주변지역에서 사용되는)와 하이티의 크레올어를 들 수 있다.

본문 내용이 녹음되어 있는 mp3 파일에는 우리말에 이어서 그에 해당하는 프랑스어 표현을 녹음해 놓았다. 프랑스어 표현을 듣고 나서는 큰소리로 따라서 발음해 보는 것이 좋다. 말로 10회 내지 20회 반복하는 것이 단어를 50회 내지 100회 눈으로 보는 것보다 더 쉽게 기억할 수 있다는 실험 결과가 있으므로 가능한 자주 큰소리로 말하는 것이 언어를 습득하는데 효과가 있다. mp3 파일은 대화하는 정상 속도로 녹음되었으므로 독자들도 같은 속도로 반복해 보길 바란다.

발음 요령

(1) 액센트

이 책의 음성파일은 표준 프랑스어로 녹음되어 있다. 프랑스어는 프랑스 북부지역의 액센트와 프랑스 남부지역의 액센트가 있지만 이 책에 따라 익혀두면 이러한 발음의 차이는 쉽게 알아들을 수 있다.

(2) 음절생략

지역간의 발음 차이에서 기인하는 특징이다. 프랑스어 자음이 단어의 끝에 오면 바로 뒤따라오는 단어가 모음이나 무성의 'h'로 시작되지 않는 한(이 경우가 바로 연음 liaison이다) 발음되지 않는다.

(3) 연음

한 단어의 끝에 오는 자음의 발음이 그 다음 단어와 이어져 발음되는 것이다. 예를 들어 'c'est une'은 쎄 뛴느 [seytewn]로 발음된다.

(4) 모음생략

모음으로 끝나는 단어와 모음 또는 'h'로 시작되는 단어가 연이어 있을 때 나타난다. 이 단어들은 본문에 나오는 다음 예가 보여주는 것과 같이 모음이 생략된다.

- si + il = s'il
- ne + est = n'est

- que + on = qu'on
- Je + habite = J'habite
- de + arrêt = d'arrêt
- se + appelle = s'appelle

(5) 비음

입으로 소리를 내는 대신 코로 내는 것이다. 예를 들어 un hôtel은 에 노뗄 [an no-tehl], un homme는 에 놈므 [an nohm]로 발음된다.

(6) 기타 프랑스어 발음

'je'의 'e'는 때때로 들리지 않는다. 이 'e'는 호흡에 묻혀버린다. 예를 들면,

- je suis
- est-ce que je dois
- de me

-as, -é, -er, ez로 시작하는 단어는 영어에서는 찾을 수 없는 현상이다. 일반적으로 영어를 말하듯 발음을 늘여 길게 발음하지 않는다. 예를 들어, 프랑스어 단어 'été'는 영어의 'heyday'와 같은 리듬은 아니다. 프랑스어의 u도 영어에서 발견할 수 없는 발음이다. 'it'에서 'i'처럼 발음하되 입술을 매우 오므려야 한다.

프랑스어 모음과 자음의 발음

(1) 모음

a, à, â [아]	madame [마담] 부인 sac-à-main [싸-까-멩] 손가방 château [샤또] 성
e [으]	je [쥬] 나
é, -er, -ez, es, ai, et, e [에]	été [에떼] 여름 dîner [디네] 저녁 répétez [레뻬떼] 반복하시오
è, ê, et, e [에]	très [트레] 매우 peut-être [뾔떼트르] 아마도 ballet [발레] 춤 merci [메르씨] 감사합니다
i, î [이]	midi [미디] 정오 dîner [디네] 저녁
y [이]	bicyclette [비씨끌레뜨] 자전거
o, ô (폐음) 입술을 오무려서 [오]	disco [디스꼬] 디스코 뮤직 côte [꼬뜨] 해안
o (개음) 입술을 동그랗게하고 약간 벌린 상태로 [오]	chocolat [쇼꼴라] 초콜릿 botte [보뜨] 장화
u [위]	du [뒤] ~의

(2) 복합모음

ui [위이]	suis [쒸이] ~이다
oui [위이]	oui [위이] 네
ai, aî [에]	vais [베] 가다 plaît [쁠레] 즐겁게 하다
ou, oû [우]	vous [부] 당신 août [우뜨] 8월
au, eau [오]	auto [오또] 자동차 beau [보] 아름다운
eu, oeu (폐음) [외]	peu [뾔] 조금 boeufs [뵈프] 쇠고기
eu, oeu (개음) [외]	heure [외르] 시간 boeuf [뵈프] 쇠고기
oi, oî, oie [와]	toi [뜨와] 너 boîte [브와뜨] 나이트 클럽 soie [스와] 비단
ill [이으]	coquille [꼬끼으] 조개

프랑스어 모음과 자음의 발음

(3) 비음

en, an, em, am [앙]	pense [빵스] 생각하다 chance [상스] 기회 ensemble [앙쌍블르] 전체 camping [꺙핑] 캠핑
im, in, aim, ain, un, um, ein [엥]	impasse [엥빠스] 막다른 골목 cinq [쌩끄] 다섯 pain [뺑] 빵 un [엥] 1 freins [프렝] 브레이크 parfum [빠르펭] 향수
on, om [옹]	non [농] 아니오 plomb [쁠롱] 납
oin, uin [엥]	loin [르엥] 먼 juin [주엥] 6월

(4) 공명음

c [ㄲ] [ㅆ]	coque [꼬끄] 닭 cette [쎄뜨] 이것의 seconde [스공드] 둘째의
ç [ㅆ]	ça [싸] 이것
ch [슈]	chocolat [쇼꼴라] 초콜릿

g [ㄱ] [ㅈ]	gare [갸르] 역
gu [ㄱ]	baguette [바게뜨] 바게트빵
gn [뉴]	champagne [샹빠뉴] 샴페인
h [항상 묵음]	homme [옴므] 남자
j [ㅈ]	je [쥬] 나
ll, l [ㄹ]	grenouille [그르누이으] 개구리 sommeil [쏘메이으] 수면, 졸음 elle [엘르] 그녀
qu, q [ㄲ]	quart [꺄르] 1/4 cinq [셍끄] 다섯
r [ㄹ] 목구멍 안쪽에서 내는 [ㅎ] 소리에 가깝다.	repos [르뽀] 휴식
s [ㅆ] 두 모음 사이에 s가 단독으로 있을 때 [ㅆ]. 단어 끝에 오면 발음이 오면 안됨.	sortie [쏘르띠] 출구 chaise [셰즈] 의자
th [ㄸ]	thé [떼] 차
w [ㅂ]	wagon [바공] 열차

기타 다른 자음은 영어의 발음과 같다.

프랑스어 기초 문법

(1) 명사

프랑스어의 명사는 남성(m)이거나 여성(f)이다.

(2) 관사

관사는 명사의 성과 수에 따라 변화한다.
부정관사 un은 남성명사 앞에, une는 여성명사 앞에 쓰이지만 '얼마간의, 약간의' 의미를 나타내는 복수 형태는 항상 des이다.

  ex) un homme d'affaires 사업가
       une femme d'affaires 비즈니스 우먼
       des allumettes 성냥들

정관사 le(남성), la(여성)는 명사의 성과 수에 일치한다. 만약 명사가 모음이나 h(대부분의 경우)로 시작할 경우에는 'l'의 형태로 사용된다. 정관사의 복수 형태는 항상 les가 된다.

  ex) l'église 교회   l'hôtel 호텔
       la pharmacie 약국 le stade 경기장
       les freins 브레이크

(3) 형용사

형용사는 명사의 성과 수에 일치한다. 남성형을 여성형으로 바꿀 경우 일반적으로 e가 추가된다.

  ex) le petit garçon 소년   la petite fille 소녀

형용사는 명사 앞에 위치할 때도 있지만, 보통 명사 뒤에 위치한다. 지시형용사는 명사의 성과 수에 일치한다. 남성형은 'ce', 여성형은 'cette'이며, 'cet'는 모음과 무성의 'h' 앞에서 쓰인다. 복수 'ces'는 남성, 여성의 구별이 없다.

소유형용사는 수식하는 명사의 성과 수에 항상 일치한다.

	남성	여성	복수		남성 여성	복수
나의	mon	ma	mes	우리의	notre	nos
당신의	ton	ta	tes	당신들의	votre	vos
그의 그것의 그녀의	son	sa	ses	그들의	leur	leurs

'그의, 그녀의, 그것의'라는 프랑스어는 형태의 차이가 없다. 따라서 'sa fille'라는 말은 '그의 딸', '그녀의 딸' 두 가지 의미로 사용될 수 있다.

(4) 대명사

나(je), 너(tu), 그 또는 그것(il), 그녀 또는 그것(elle), 우리들(nous), 당신들(vous), 그들-남성들만 혹은 남성 / 여성 함께(ils), 그녀들(elles) 'Tu'는 절친한 친구나 가족에게만 사용하는 표현이다. 따라서 아주 친근한 표현이라 잘 모르는 사람에게 이 표현을 사용할 경우 실례가 될 수 있다. 한편 정중

한 호칭인 'vous'는 '당신'이라는 의미의 단수 형태이자 복수 형태이기도 하다.

ex) Je suis prêt.

Etes-vous prêt?

Nous sommes pressés.

(5) 동사

가장 자주 쓰이는 3개의 동사의 변화형은 다음과 같다.

	Etre (이다 / 있다)	Aller (가다)	Avoir (가지다)
나	je suis	je vais	j'ai
너	tu es	tu vas	tu as
그/그것	il est	il va	il a
그녀/그것	elle est	elle va	elle a
우리	nous sommes	nous allons	nous avons
당신(들)	vous êtes	vous allez	vous avez
그들〈남성〉	ils sont	ils vont	ils ont
그들〈여성〉	elles sont	elles vont	elles ont

프랑스어 동사는 위에 기술한 동사들처럼 불규칙적으로 변화한다. 대부분의 프랑스어 동사는 3개의 군(群)으로 나눌 수 있는데 세 개의 군 속에 속하는 동사들은 모두 동일한 형식으로 변화한다. -er, -ir, -re로 끝나는 동사들이 바로 그 동사들인데, 대표적인 동사들을 예로 들자면 다음과 같다.

Parler(말하다)	Finir(마치다)	Vendre(팔다)
je parle	je finis	je vends
tu parles	tu finis	tu vends
il parle	il finit	il vend
elle parle	elle finit	elle vend
nous parlons	nous finissons	nous vendons
vous parlez	vous finissez	vous vendez
ils parlent	elles finissent	elles vendent

(6) 부정 표현

부정의 표현을 만들 경우 동사 앞에 'ne'를, 동사 뒤에 'pas'를 첨가한다.

ex) Je parle français. 나는 프랑스어를 한다.

Je ne parle pas français. 나는 프랑스어를 못한다.

(7) 의문문

의문문은 주어와 동사를 도치시키거나 문장 앞에 'est-ce que'를 첨가하거나, 문장의 끝에 간단히 의문부호를 붙여서 만든다.

ex) Avez-vous des pièces détachées?

Est-ce qu'on peut nager ici?

Vous le connaissez?

꼭 알아두어야 할 중요한 표지

A

A emporter [아 앙뽀르떼] 가지고 갈 수 있는 것
A vendre [아 방드르] 판매용
Accès aux quais [악쎄 오 께] 플랫폼 입구
       banlieue [방리외] 시 외곽 방향
       grandes lignes [그랑드 리뉴] 지방 노선 방향
Arrivées [아리베] 도착
Ascenseur [아쌍쐬르] 승강기
Attendez [아땅데] 기다리세요
Attention [아땅씨옹] 조심하세요

C

Caisse [께스] 계산소
Chien méchant [쉬엥 메샹] 무서운 개, 맹견주의
Complet [꽁쁠레] 만원(滿員)

D

Dames [담므] 여성
Danger [당제] 위험
Défense d'entrer [데팡스 당트레] 출입금지
Défense de fumer [데팡스 드 퓌메] 흡연금지
Défense de toucher [데팡스 드 뚜셰] 손대지 마시오
Départs [데빠르] 출발

Détour [데뚜르] 우회
Déviation [데비아씨옹] 우회

E

En panne [앙 빤느] 고장
Entrée [앙트레] 입구

F

Femmes [팜므] 여성
Fermé [페르메] 닫힘

H

Hommes [옴므] 남자
Hors de service [오르 드 쎄르비스] 사용불가

I

Il est interdit de marcher sur la pelouse
[일 에 엥떼르디 드 마르셰 쉬르 라 쁠루즈]
잔디 위로 걷지 마시오

Impasse [엥빠스] 막다른 길
Interdit aux véhicules [엥떼르디 오 베이퓔르]
자동차 통행금지

> 꼭 알아두어야 할 중요한 표지

M
Messieurs [메씨외] 남성

O
Ouvert [우베르] 열림

P
Passage souterrain [빠싸쥬 쑤떼렝] 지하통로
Passez [빠쎄] 지나가시오
Peinture fraîche [뺑뛰르 프레슈] 칠 주의
Piétons [삐에똥] 보도
Poste de secours [뽀스뜨 드 스꾸르] 응급치료소
Poussez [뿌쎄] 미시오
Prière de fermer la porte
[프리에르 드 페르메 라 뽀르뜨] 문을 닫아 주세요
Propriété privée [프로프리에떼 프리베]
개인소유지[사유지]

R
Ralentissez [랄랑띠쎄] 속도를 늦추세요
Réservé [레제르베] 예약
Restez à droite [레스떼 아 드롸뜨] 오른쪽에 서 계세요
Restez à gauche [레스떼 아 고슈] 왼쪽에 서 계세요

S

Sans issue [쌍 이쒸] 출구 없음
Sens unique [쌍스 위니끄] 일방통행
Serrez à droite [쎄레 아 드롸뜨] 오른쪽으로 비켜서세요
Serrez à gauche [쎄레 아 고슈] 왼쪽으로 비켜서세요
Sortie [쏘르띠] 출구
Sortie de secours [쏘르띠 드 스꾸르] 비상구
Stationnement [스따씨온느망] 주차
Stationnement interdit [스따씨온망 엥떼르디] 주차금지

T

Tirez [띠레] 당기세요
Toilettes [뜨왈레뜨] 화장실

V

Virage dangereux [비라쥬 당즈뢰] 커브 길 위험
Vitesse maximum [비떼스 막씨몸] 최대 속도

W

W.C. [두블르베 쎄] 화장실

Z

Zone piétonne [존느 삐에똔느] 보도구역

Part 1
기본표현

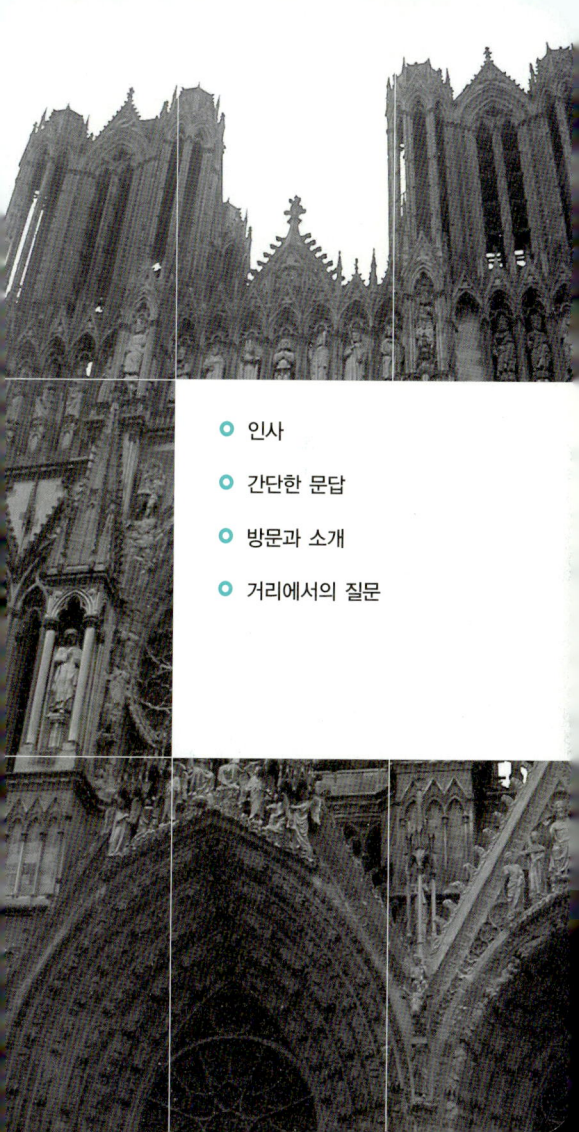

- 인사
- 간단한 문답
- 방문과 소개
- 거리에서의 질문

인사

안녕하세요?

안녕하세요? 뒤뽕 씨.

안녕하세요? 뒤뽕 부인.

안녕하세요? 뒤뽕 양.

어떻게 지내세요, 미스터. 〈남성에게〉

　　　　미시즈 〈기혼 여성에게〉

　　　　미스 〈미혼 여성에게〉

　　　　미시즈앤미스터 〈여러 사람에게〉

저는 잘 지냅니다, 당신은요?
〈정중한 표현〉

기본 표현

Bonjour.
봉주르

Bonjour, Monsieur Dupont.
봉주르 므씨외 뒤뽕

Bonjour, Madame Dupont.
봉주르 마담 뒤뽕

Bonjour, Mademoiselle Dupont.
봉주르 마드무아젤 뒤뽕

Comment allez-vous, <u>monsieur</u>?
꼬망 딸레-부 　　　　　　　 므씨외
　　　　　　　madame
　　　　　　　마담
　　　　　　　mademoiselle
　　　　　　　마드무아젤
　　　　　　　mesdames et messieurs
　　　　　　　메담 제 메씨외

Je vais bien, et vous?
즈 베 비엥 에 부

인사

잘 지내, 너는? 〈친근한 표현〉

당신을 만나게 되어 아주 반갑습니다.
〈말하는 사람이 남성일 경우〉

당신을
〈말하는 사람이 여성일 경우〉

제 이름은 끌로데뜨입니다.

Je vais bien, et toi?
즈 베 비엥 에 뚜아

Je suis très heureux de faire votre connaissance.
즈 쒸 트레   제뢰   드 페르 보트르 꼬네쌍스

heureuse
제뢰즈

Je m'appelle Claudette.
즈 마뻴르 끌로데뜨

tip
자유와 낭만이 살아 숨쉬는 프랑스
- 위 치 : 서부 유럽
- 면 적 : 54만 3965km²
- 인 구 : 5977만 3000명
- 인구밀도 : 109.9명/km²
- 수 도 : 파리
- 정 체 : 공화제
- 공용어 : 프랑스어
- 통 화 : 유로화(Euro, €)
- 시 차 : 한국이 프랑스보다 8시간 빠르며 섬머타임이 적용되는 시기인 3월 마지막 주 일요일부터 10월 마지막 주 일요일까지는 7시간 빠르다.

간단한 문답

네.

아니오.

미안합니다. / 실례합니다.

아마.

확실히. / 확실합니다.

전혀. / 절대 아닙니다.

좋습니다.

사실인가요?

기본 표현

Oui.
위

Non.
농

Pardon.
빠르동

Peut-être.
뾔떼트르

Certainement.
쎄르뗀느망

Pas du tout.
빠 뒤 뚜

D'accord.
다꼬르

C'est vrai?
쎄 브레

간단한 문답

믿을 수 없습니다. / 그렇지 않습니다.

대단히 감사합니다.

천만에요.

실례합니다.

대단히 감사합니다.

모르겠습니다.

그렇게 생각합니다.

기본 표현

Ce n'est pas vrai.
스 네 빠 브레

Merci beaucoup.
메르씨 보꾸

Il n'y a pas de quoi.
일 니 아 빠 드 꾸아
De rien.
드 리엥

S'il vous plaît.
씰 부 쁠레

Je vous remercie infiniment.
즈 부 르메르씨 엥피니망

Je ne sais pas.
즈 느 쎄 빠

Je pense que oui.
즈 빵스 끄 위

간단한 문답

그렇게 생각하지 않습니다.

행운을 빕니다.

조심하세요.

이것은 무엇이지요?

화장실이 어디지요?

당신은 무엇을 하고 있나요?

어디 가시나요?

미안하지만 그걸 저에게 보여 주세요.

기본 표현

Je ne crois pas.
즈 느 끄루아 빠

Bonne chance.
본느 샹스

Faites attention.
페뜨 아땅씨옹

Qu'est-ce que c'est?
께-스 끄 쎄

Où sont les toilettes?
우 쏭 레 뚜알레뜨

Que faites-vous?
끄 페뜨-부

Où allez-vous?
우 알레-부

Montrez-le moi, s'il vous plaît.
몽트레-르 무아 씰 부 쁠레

간단한 문답

미안하지만 그것을 써 주세요.

그걸 그리세요.

저를 기다려 주세요.

우리는 곧 출발할 예정입니다.

제가 동행해 드리겠습니다.

우리는 어디로 가야 하지요?

우리는 이 도시를 보고 싶습니다.

이 도시가 마음에 드시나요?

Ecrivez-le, s'il vous plaît.
에크리벨-르 씰 부 쁠레

Dessinez-le.
디씨네-르

Attendez-moi.
아땅데-무아

Nous allons partir tout de suite.
누 잘롱 빠르띠르 뚜 드 스위뜨

J'aimerais vous accompagner.
젬므레 부 자꽁빠녜

Par où devons-nous aller?
빠르 우 드봉-누 알레

Nous voulons voir la ville.
누 불롱 부아르 라 빌르

Aimez-vous cette ville?
에메-부 쎄뜨 빌르

간단한 문답

저는 당신 도시가 아주 마음에 듭니다.

우리들은 바쁩니다.

이 길이 가장 빠른 길입니까?

준비가 되셨나요? 〈남성에게〉

준비가 되셨나요? 〈여성에게〉

준비가 되었습니다.
〈말하는 사람이 남성일 경우〉

준비가 되었습니다.
〈말하는 사람이 여성일 경우〉

기본 표현

J'aime beaucoup votre ville.
젬므 보꾸 보트르 빌르

Nous sommes pressés.
누 쏨므 프레씨

* 오로지 여자들끼리만 있을 때에는 위의 표현이 "Nous sommes pressées."로 바뀐다. 하지만 발음은 위의 표현과 동일하다.

C'est le chemin le plus court?
쎄 르 슈멩 르 쁠뤼 꾸르

Etes-vous prêt?
에뜨-부   프레

prête
프레뜨

Je suis prêt?
즈 쒸   프레

prête
프레뜨

간단한 문답

도와 드릴까요?

어느 버스 정류장에서 내려야 하지요?

여기서 수영해도 됩니까?

이 근처에 캠핑장이 있나요?

Je peux vous aider?
즈 뾔 부 제데

A quel arrêt d'autobus est-ce que je jois descendre?
아 껠 아레 도또뷔스 에-스 끄 즈 두아 디쌍드르

Est-ce qu'on peut nager ici?
에-스 꽁 뾔 나제 이씨

Y a-t-il un camping près d'ici?
이 아-띨 엥 깡뼁 프레 디씨

바보는 방황하고 현명한 사람은 여행한다. -T.플러-

방문과 소개

그녀를 아십니까?

그를 아십니까?

당신은 누구십니까?

당신에게 그를   소개드리게 해 주십시오.
          그녀를

당신에게 저를 소개할 수 있게
해 주십시오.

저는 미국인 〈남성〉   입니다.
     미국인 〈여성〉

     남학생

기본 표현

Vous la connaissez?
불 라 꼬네쎄

Vous le connaissez?
불 르 꼬네쎄

Qui êtes-vous?
끼 에뜨-부

Permettez-moi de vous le présenter.
뻬르메떼-무아 드 부   르 프레장떼
　　　　　　　　　　la
　　　　　　　　　　라

Permettez-moi de me présenter.
뻬르메떼-무아 드 므 프레장떼

Je suis Américain.
즈 쒸   아메리껭
　　　Américaine
　　　아메리껜느
　　　étudiant
　　　에뛰디앙

방문과 소개

저는 <u>여학생</u> 입니다.

　　사업가 〈남성〉

　　사업가 〈여성〉

　　변호사 〈남성〉

　　변호사 〈여성〉

이것이 제 명함입니다.

당신이 뒤뽕 씨입니까?

당신은 어디에서 왔습니까?

저는 서울에서 왔습니다.

Je suis étudiante.
즈 쒸 에뛰디앙뜨

un homme d'affaires
에 놈므 다페르

une femme d'affaires
윈 팜므 다페르

un avocat
앙 아보꺄

une avocate
윈 아보꺄뜨

Voici ma carte.
부아씨 마 꺄르뜨

Êtes-vous Monsieur Dupont?
에뜨-부 므씨외 뒤뽕

D'où êtes-vous?
두 에뜨-부

Je suis de Séoul.
즈 쒸 드 쎄울

방문과 소개

이번이 제 첫 프랑스 여행입니다.

어디에 사세요?

저는 <u>친구들과 함께</u> 삽니다.
　　　교외에

영어를 할 줄 아세요?

네, 조금요.

저는 프랑스어를 잘 못합니다.

미안하지만 천천히 말해 주세요.

기본 표현

C'est mon premier voyage en France.
쎄 몽 프르미에 부아야쥬 앙 프랑스

Où habitez-vous?
우 아비떼-부

J'habite avec des amis.
자비뜨　아벡 데 자미
　　　　en banlieue
　　　　앙 방리외

Parlez-vous anglais?
빠를리-부 앙글레

Oui, un peu.
위 앙 뿌

Je ne parle pas bien français.
즈 느 빠를르 빠 비엥 프랑쎄

Parlez lentement, s'il vous plaît.
빠를리 랑뜨망 씰 부 쁠레

방문과 소개

이해하시겠습니까?

이해가 안 됩니다.

이해가 됩니다.

미안하지만 반복해 주세요.

말을 끊어서 죄송합니다.

아페리티프를 한 잔 마시러 제 집에 오시겠습니까?

제라르는 자기 집에 있습니까?

기본 표현

Comprenez-vous?
꽁프르네-부

Je ne comprends pas.
즈 느 꽁프랑 빠

Je comprends.
즈 꽁프랑

Répétez, s'il vous plaît.
레뻬떼 실 부 쁠레

Excusez-moi de vous interrompre.
엑스뀌제-모아 드 부 젱떼롱프르

Voulez-vous venir chez moi pour l'apéritif?
불레-부 브니르 셰 무아　　　　　뿌르 라뻬리티프
pour prendre un verre
뿌르 프랑드르 엥 베르

Est-ce que Gérard est chez lui?
에스 끄 제라르 에 셰 뤼

방문과 소개

시몬느는 자기 집에 있나요?

뒤프레 양은 자기 사무실에 있습니까?

그녀는   언제 돌아올까요?

그는

들어오세요.

앉으십시오.

담배 피우시겠습니까?

아니요, 감사합니다.

기본 표현

Est-ce que Simone est chez elle?
에스 끄 시몬느 에 셰 젤르

Est-ce que Mademoiselle Dupré est dans son bureau?
에스 끄 마드무아젤 뒤프레 에 당 쏭 뷔로

Quand sera-t-elle de retour?
깡　　스라-뗄　　　　드 르투르

sera-t-il
스라-뗄

Veuillez entrer.
뵈이예 앙트레
* Veuillez의 동사원형은 'vouloir'

Veuillez vous asseoir.
뵈이예 부 자쓰와르

Voulez-vous une cigarette?
불레-부 윈느 씨가레트

Non, merci.
농 메르씨

방문과 소개

불 가지고 계세요?

마실 것   드릴까요?
잡수실 것

차를 좋아하세요?

저는 커피가 더 좋습니다.

저는 크림 커피를 좋아합니다.

오래동안 뵙지 못했습니다.

가족에게 안부를 전해 주세요.

기본 표현

Avez-vous du feu?
아베-부 뒤 푀

Je peux vous offrir quelque chose à boire?
즈 쁘 부 오프리르 껠끄 쇼즈　　　　　　아 부아르
　　　　　　　　　　　　　　　　　à manger
　　　　　　　　　　　　　　　　　아 망제

Aimez-vous le thé?
에메-부 르 떼

Je préfère le café.
즈 프레페르 르 꺄페

J'aime le café-crème.
젬므 르 꺄페-크렘므

Il y a longtemps que je ne vous ai pas vu.
일 리 아 롱땅 끄 즈 느 부 제 빠 뷔

Mes amitiés à la famille.
메 자미띠에 아 라 파미으

방문과 소개

우리를 다시 보러 오세요.

안녕히 계세요.

안녕하세요. 〈저녁인사〉

안녕히 주무세요. 〈자러갈 때〉

기본 표현

Revenez nous voir.
르브네 누 부아르

Au revoir.
오 르부아르

Bonsoir.
봉수아

Bonne nuit.
본느 뉘

tip

프랑스의 공휴일

- 설날(Jour de l'An) : 1.1
- 부활절(Paques) : 3.28
- 노동절(Fete du Travail) : 5.1
- 예수승천일(Ascension) : 5.5
- 승전기념일(Victoire 1945) : 5.8
- 성신강림일(Pentecote) : 5.16
- 혁명기념일(Fete Nationale) : 7.14
- 성모승천일(Assomption) : 8.15
- 만성절(Toussaint) : 11.1
- 휴전기념일(Armistice 1918) : 11.11
- 성탄절(Noel) : 12.25
* 매년 날짜 변경

거리에서의 질문

<u>약국이</u>   어디에 있습니까?

은행이

교회가

수퍼마켓이

지하철역이

<u>대형매장[하이퍼마켓]이</u>   어디에 있습니까?

경찰서가

미대사관이

관광사무소가

성당이

성이

Où est la pharmacie?
우에 라 파르마씨

la banque
라 방끄

l'église
레글리즈

le supermarché
르 쒸뻬르마르셰

la station de métro
라 스따씨옹 드 메트로

Où est le centre commercial?
우에 르 쌍트르 꼬메르씨알

le commissariat de police
르 꼬미싸리아 드 뽈리스

l'Ambassade des États-Unis
랑바싸드 데 제따쥐니

le bureau de tourisme
르 뷔로 드 뚜리슴

la cathédrale
라 까떼드랄

le château
르 샤또

거리에서의 질문

이 지도에서 알려주세요.

이 거리 이름이 무엇입니까?

기본 표현

Montrez-moi sur ce plan, s'il vous plaît.

몽트레-무아 쒸르 쓰 쁠랑 씰 부 쁠레

Quel est le nom de cette rue?

껠 에 르 농 드 쎄뜨 뤼

> tip
>
> ### 프랑스의 기후
>
> 기후는 지역에 따라 다르지만 대서양 연안은 해양성, 알프스지방은 겨울이 긴 대륙성, 마르세유 등은 온난한 지중해성 기후이다. 우리나라의 4계절과 시기가 비슷하며 가을에 비가 많이 오는 편이다. 지역에 따라 기온의 차이가 크므로 행선지의 기후에 대해서 미리 알아보는 것이 좋다.
>
> 파리의 경우, 겨울에는 거의 매일 비가 내리고, 습기찬 날씨를 보이는 반면에 여름에는 건조하고 비가 내리지 않는다. 낮과 밤의 기온 차이가 크므로 6월부터 9월까지의 여름을 제외하고는 항상 외투를 휴대하는 것이 좋다. 여름에는 건조한 탓에 건물 내에서는 그리 덥지 않다.
>
> 프랑스 대륙은 기후상 크게 네 지역으로 나뉜다.
> - 습기 많은 해양성기후로 바이욘 - 릴 서쪽은 대개 선선
> - 여름은 덥고 겨울은 매우 추운 반 대륙성 기후로 알자스, 로렌, 라인 협곡 지역과 산악지대(알프스, 피레네, 중앙 산악지대)가 이 기후에 속함
> - 파리지역과 중부지방은 겨울은 춥고 여름은 더운 기후
> - 프랑스 남부지방은 겨울은 온화하고 여름은 무더운 지중해성 기후

Part 2
상황표현

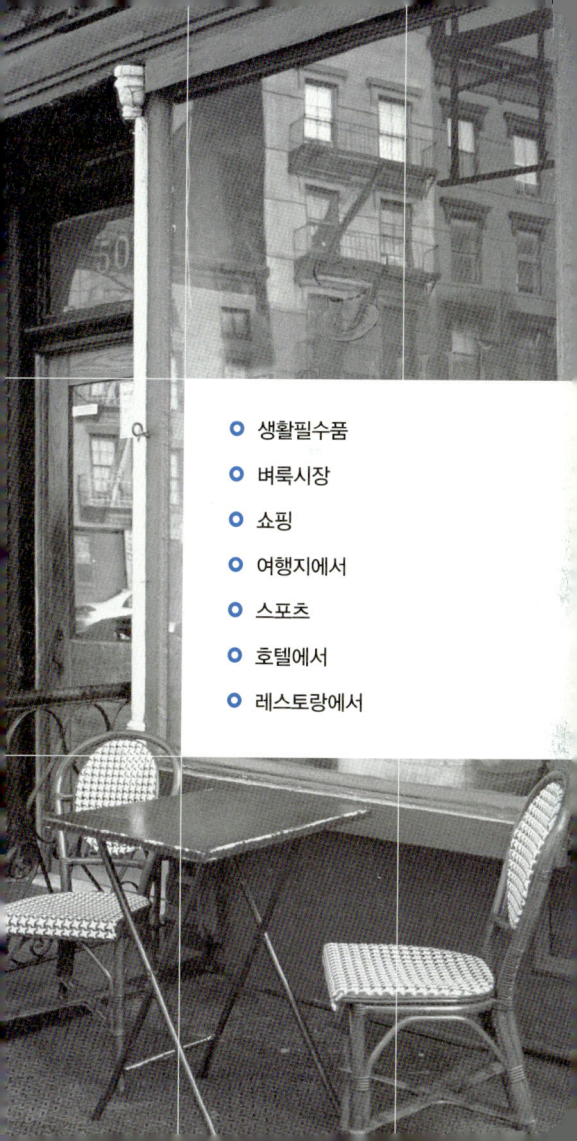

- 생활필수품
- 벼룩시장
- 쇼핑
- 여행지에서
- 스포츠
- 호텔에서
- 레스토랑에서

생활필수품

시장은   어디 있지요?

채소가게는

빵가게는

정육점은

유제품 판매점은

돼지고기 가게는

제과점은

포도주 판매점은

담배 판매점은

담배 가게는

염색 가게는

세탁소는

자동 세탁소는

Où est le marché?
우 에 르 마르셰

le marchand de légumes
르 마르샹 드 레귐므

la boulangerie
라 불랑쥬리

la boucherie
라 부슈리

la crémerie
라 크레므리

la charcuterie
라 샤르퀴트리

la pâtisserie
라 빠띠스리

le marchand de vin
르 마르샹 드 벵

le bureau de tabac
르 뷔로 드 따바

le tabac
르 따바

la teinturerie
라 뗑뛰르리

la blanchisserie
라 블랑쉬스리

la laverie automatique
라 라브리 오또마띠끄

생활필수품

저는 <u>칫솔을</u> 사고 싶습니다.

  치약을

  샴푸를

  비누를

  면도용 크림을

  빗을

  성냥을

  바게뜨를

  사과 1킬로를

  계란 12개를

저는 포도주 1리터가 필요합니다.

Je voudrais une brosse à dents.
즈 부드레 / 윈 브로스 아 당

du dentifrice
뒤 당띠프리스

du shampooing
뒤 샹뿌엥

du savon
뒤 싸봉

de la crème à raser
드 라 크렘므 아 라제

un peigne
엥 뻬뉴

des allumettes
데 잘뤼메뜨

une baguette
윈 바게뜨

un kilo de pommes
엥 낄로 드 뽐므

une douzaine d'oeufs
윈 두젠느 되(프)

J'ai besoin d'un litre de vin.
제 브주엥 뎅 리트르 드 벵

벼룩시장

벼룩시장이 어디 있지요?

저는 <u>목각 제품을</u> 사고 싶습니다.

    레이스를

    골동품을

    구리 제품을

    의류를

어디 제품입니까?

얼마지요?

상황 표현

Où est le marché aux puces?
우 에 르 마르셰 오쀠스

Je voudrais acheter
즈 부드레 아쉬떼

des objets en bois sculté.
데 조브제 앙 부아 스뀔떼

de la dentelle
드 라 덩뗄르

des antiquités
데 장띠끼떼

des cuivres
데 뀌브르

des vêtements
데 베뜨망

Ça vient d'où?
싸 비엥 두

C'est combien?
쎄 꽁비앙

쇼핑

안녕하세요, 부인.
저를 도와주시겠습니까?

저는 <u>도자기를</u> 사고 싶습니다.

  크리스탈 제품을

  실크 머플러를

  향수를

  미용 제품을

  가죽 제품을

  보석을

  오뜨꾸뛰르 패션을

  레코드를

  카세트를

  컴팩트 디스크를

상황 표현

Bonjour, Madame. Pouvez-vous m'aider?
봉주르 마담   뿌베-부 메데

Je voudrais acheter de la porcelaine.
즈 부드레 아쉬떼   드 라 뽀르슬렌느

  du cristal
  뒤 크리스딸

  des écharpes en soie
  데 제샤르쁘 앙 수아

  du parfum
  뒤 빠르펭

  des produits de beauté
  데 프로뒤 드 보떼

  de la maroquinerie
  드 라 마로낀느리

  des bijoux
  데 비쥬

  des vêtements de haute couture
  데 베뜨망 드 오뜨 꾸뛰르

  des disques
  데 디스끄

  des cassettes
  데 꺄세뜨

  des disques compacts
  데 디스끄 꽁빡뜨

여행지에서

제게 아주 유명한 디스코텍을
　　　　　　　　소개해 주시겠어요?

　　이 지역의

극장은　　어디 있지요?

큰서트장은

오페라 극장은

영화관은

나이트클럽은

캬바레는

디스코테크는

카지노는

카페테리아는

Pouvez-vous me recommander une boîte
부베-부 므 르꼬망데 윈 부아뜨

bien connue?
비엥 꼬뉘

locale
로꺌르

Où est le théâtre?
우 에 르 떼아트르

la salle de concert
라 쌀르 드 꽁쎄르

l'opéra
로뻬라

le cinéma
르 씨네마

la boîte de nuit
라 부아뜨 드 뉘

le cabaret
르 꺄바레

la disco
라 디스꼬

le casino
르 까지노

le café
르 꺄페

여행지에서

지금 무얼 연주[상영, 상연]하고 있지요?

티켓 두 장 주세요.

다음 주에 어떤 연극을 공연하지요?

금요일 좌석을 두 개 예약하고 싶습니다.

연극은 몇 시에 시작하지요?

춤 추실래요?

휴대품 보관소가 어디지요?

Qu'est-ce qu'on joue maintenant?
께스 꽁 쥬 멩뜨낭

Deux billets, s'il vous plaît.
되 비예 실 부 쁠레

Quelle pièce joue-t-on la semaine prochaine?
껠 삐에스 쥬-똥 라 스멘느 프로셴느

Veuillez retenir deux places pour vendredi.
뵈이예 르뜨니르 되 쁠라스 뿌르 방드르디

A quelle heure commence la pièce?
아 껠 외르 꼬망스 라 삐에스

Woulez-vous danser?
불레-부 당쎄

Où est le vestiaire?
우 에 르 베스띠에르

스포츠

경기장이 어디지요?

수영장은

테니스 코트는

경마장은

저는 자전거타기를 하고 싶습니다.

산책을

조깅을

스키를

수영을

Où est le stade?
우 에 르 스따드

la piscine
라 삐씬느

le court de tennis
르 꾸르 드 떼니스

le champ de courses
르 샹 드 꾸르스

Je voudrais faire de la bicyclette.
즈 부드레 페르 드 라 비씨끌레뜨

une promenade
윈 프로므나드

du jogging
뒤 조깅

du ski
뒤 스끼

de la natation
드 라 나따씨옹

집을 떠나 본 사람만이 집의 소중함을 안다. -서양 속담-

호텔에서

저는 <u>저렴한 가격의</u> 호텔을 찾고 있습니다.

    비싼 가격의

    싼 가격의

저는 <u>독실을</u> 원합니다.

    2인용 방을

    큰 침대 2개짜리 방을

예약을 하셨나요?

예약을 하지 않았습니다.

예약을 했습니다.

상황 표현

Je cherche un hôtel à prix modéré.
즈 셰르슈 에 노뗄 아 프리 모데레

de luxe
드 뤽스

bon marché
봉 마르셰

Je voudrais une chambre pour une personne.
즈 부드레 윈 샹브르 뿌르 윈느 뻬르손느

une chambre pour deux personne
윈 샹브르 뿌르 되 뻬르손느

une chambre à deux grands lits
윈 샹브르 아 되 그랑 리

Avez-vous une réservation?
아베-부 윈느 레제르바씨옹

Je n'ai pas de réservation.
즈 네 빠 드 레제르바씨옹

J'ai une réservation.
제 윈 레제르바씨옹

호텔에서

여기 확인서류가 있습니다.

예약금을 보냈습니다.

<u>욕실이 딸린</u>   방을 원합니다.

샤워기가 있는

하룻밤 묵는데 방값이 얼마인가요?

세금이 포함된 가격입니까?

아침식사가 포함되어 있습니까?

며칠 동안 묵으실 겁니까?

상황 표현

Voici ma confirmation.
부아씨 마 꽁피르마씨옹

J'ai envoyé un accompe.
졔 앙부아예 앙 아꽁쁘

Je voudrais une chambre
즈 부드레 윈느 샹브르

  avec salle de bains.
  아벡 쌀 드 벵

  avec douche
  아벡 두슈우

Quel est le prix de la chambre pour une nuit?
껠 에 르 프리 드 라 샹브르 뿌르 윈느 뉘

Est-ce que les taxes sont comprises?
에스 끄 레 딱스 쏭 꽁프리즈

Le petit déjeuner est compris?
르쁘띠 데죄네 에 꽁프리

C'est pour combien de nuits?
쎄 뿌르 꽁비엥 드 뉘

호텔에서

방을 볼 수 있습니까?

냉방이 되는 방이 있나요?

TV가 있는

전화가 딸린

저는 더 싼 방을 원합니다.

   더 큰

   더 조용한

이 양식을 기입해 주십시오.

저는 더운 물을 원합니다.

   얼음을

상황 표현

Je peux voir la chambre?
즈 뾔 부아르 라 샹브르

Avez-vous une chambre climatisée?
아베-부 윈느 샹브르 끌리마띠제

avec télévision
아벡 뗄레비지옹

avec téléphone
아벡 뗄레폰느

Je boudrais une chambre moins chère.
즈 부드레 윈느 샹브르 므엥 셰르

plus grande
쁠뤼 그랑드

plus tranquille
쁠뤼 트랑낄르

Veuillez remplir cette fiche.
뵈이예 랑쁠리르 쎄뜨 피슈

Je boudrais de l'eau chaude.
즈 부드레 드 로 쇼드

de la glace
드 라 글라스

호텔에서

저는 비누를   원합니다.

    화장지를

    수건을

    다른 시트를

    내 방 열쇠를

    다른 배게를

내일 6시에 깨워주세요.

안전금고는 있습니까?

점심식사는 몇 시입니까?

이발관은   어디 있지요?

미장원은

Je boudrais du savon.
즈 부드레   뒤 싸봉

　　　　　du papier hygiénique
　　　　　뒤 빠삐에 이지에니끄

　　　　　une serviette
　　　　　윈느 쎄르비에뜨

　　　　　une autre couverture
　　　　　윈느 오트르 꾸베르뛰르

　　　　　la clé de ma chambre
　　　　　라 끌레 드 마 샹브르

　　　　　un autre oreiller
　　　　　에 노트르 오레이예

Veuillez me réveiller demain à six heures.
봐이예 므 레베이예 드멩 아 씨 죄르

Vous avez un coffre?
부 자베 엥 꼬프르

A quelle heure est le déjeuner?
아 껠 외르 에 르 데죄네

Où est le coiffeur?
우 에 르   꾸아푀르

　　　　　le salon de coiffure
　　　　　르 쌀롱 드 꾸아퓌르

호텔에서

이 옷을 세탁해 주세요.
　　　다림질해
　　　세탁해

언제 그걸 찾을 수 있을까요?

저는 내일 출발합니다.

저는 책임자와 〈남자〉 얘기하고 싶습니다.
　　책임자와 〈여자〉

이것이 제 새 주소입니다.

제 편지를 변경된 주소로 보내 주십시오.

Veuillez faire laver ces vêtements.
뵈이예 페르 라베 쎄 베뜨망

repasser
르빠쎄

nettoyer
네뚜아예

Quand est-ce que je peux les avoir?
깡 떼스 끄 즈 뾔 레 자부아르

Je pars demain.
즈 빠르 드망

Je voudrais parler au directeur.
즈 부드레 빠를레   오 디렉뙤르

à la directrice
아 라 디렉트리스

Voici ma nouvelle adresse.
브와씨 마 누벨르 아드레스

Veuillez faire suivre mon courrier.
뵈이예 페르 쒸브르 몽 꾸리에

호텔에서

내일 돌아오겠습니다.

계산서를 주십시오.

여행자 수표를   받나요?

크레디트 카드를

택시를 좀 불러주세요.

Je reviendrai demain.
즈 르비엥드레 드망

La note, s'il vous plaît.
라 노뜨 씰 부 쁠레

Vous acceptez les chèques de voyage?
부 작쎕떼 　　　　　 레 세끄 드 브와야쥬
　　　　　　　 les cartes de crédit
　　　　　　　 레 꺄르뜨 드 크레디

Appellez-moi un taxi, s'il vous plaît.
아쁠레-무아 엥 딱씨 씰 부 쁠레

널리 여행하면 현명해진다. -영국 속담-

레스토랑에서

좋은 레스토랑을   소개해 주시겠습니까?

커피숍을

비스트로[선술집]를

카페테리아를

우리는 저녁을   먹고 싶습니다.

　　　디저트를

저는 2인용 테이블을 예약했습니다.

메뉴 주십시오.

고르셨습니까?

상황 표현

Vous pouvez me recommander
부 뿌베 므 르꼬망데

<u>un bon restaurant?</u>
엥 봉 레스또랑

un café
엥 꺄페

un bistro
엥 비스트로

une cafétéria
윈 꺄페떼리아

Nous voudrions dîner.
누 부드리용   디네

un dessert
엥 디쎄르

J'ai réservé une table pour deux personnes.
제 레제르베 윈 따블르 뿌르 되 뻬르쏜느

La carte, s'il vous plaît.
라 꺄르뜨 씰 부 쁠레

Vous avez choisi?
부 자베 슈와지

레스토랑에서

무얼 드시겠습니까?

100프랑짜리 세트 메뉴를 주십시오.

오늘의 요리는 뭐지요?

무엇을 추천해 주시겠습니까?

이 집 포도주는 어떤 거지요?

포도주 메뉴를   볼 수 있습니까?
디저트 메뉴를

호텔 주인에게   이야기하고 싶습니다.
남자 종업원에게

상황 표현

Vous désirez?
부 데지레

Je voudrais le menu à cent francs.
즈 부드레 르 므뉘 아 쌍 프랑

Quel est le plat du jour?
껠 에르 쁠라 뒤 쥬르

Qu'est-ce que vous recommandez?
께스 끄 부 르꼬망데

Quel est le vin de la maison?
껠 에 르 벵 드 라 메종

Je peux voir la carte des vins?
즈 쀠 브와르   라 꺄르트 디 방

　　　　　la carte des desserts
　　　　　라 꺄르트 디 디쎄르

Je voudrais parler au maître d'hôtel.
즈 부드레 빠를레   오 메트르 도뗄

　　　　　　au serveur
　　　　　　오 쎄르뵈르

103

레스토랑에서

여자 종업원에게 이야기하고 싶습니다.

비프스테이크를 어떻게 해드릴까요?

비프스테이크를 잘 익혀 주십시오.

　　　　　　　적당히 구워

　　　　　　　설익혀

　　　　　　　겉만 살짝 익혀

저는 단 맛 없는 　포도주를 원합니다.

　　과일 맛 나는

　　부드러운[달콤한]

　　백(白)

　　적(赤)

　　핑크빛

상황 표현

Je voudrais parler la serveuse
아즈 부드레 빠를레 라 쎄르뵈즈

Comment voulez-vous votre bifteck?
꼬망 불레-부 보트르 비프떽

Je voudrais mon bifteck bien cuit.
즈 부드레 몽 비프떽   비엥 퀴
　　　　　　　　　　 point
　　　　　　　　　　 아 뿌앙
　　　　　　　　　　 saignant
　　　　　　　　　　 쎄냥
　　　　　　　　　　 bleu
　　　　　　　　　　 블루

Je voudrais du vin sec.
즈 부드레 뒤 방   쎅
　　　　　　　　 fruité
　　　　　　　　 프뤼떼
　　　　　　　　 doux
　　　　　　　　 두
　　　　　　　　 blanc
　　　　　　　　 블랑
　　　　　　　　 rouge
　　　　　　　　 루쥬
　　　　　　　　 rosé
　　　　　　　　 로지

레스토랑에서

<u>미네랄 워터 한 병을</u>   주십시오.

포도주 한 병을

<u>반숙 달걀 하나</u>   주세요.

부친 달걀 하나

스크램블드 에그

오믈렛 하나

크루아상

잼

코코아

제과류

과일주스

치즈, 햄을 넣고 버터에 구운 샌드위치

Je voudrais une bouteille d'eau minérale.
즈 부드레   윈 부떼이으 도 미네랄

               une carafe de vin
               윈 까라프 드 방

Connez-moi un oeuf à la coque, s'il vous plaît.
돈네-무아   에 뇌프 아 라 꼬끄   씰 부 쁠레

        un oeuf au plat
        에 뇌프 오 쁠라

        des oeufs brouillés
        데 죄 브루이예

        une omelette
        윈 오믈레뜨

        des croissants
        데 크르와쌍

        de la confiture
        드 라 꽁퓌뛰르

        du chocolat
        뒤 쇼꼴라

        des pâtisseries
        데 빠띠스리

        du jus de fruit
        뒤 쥐 드 프뤼

        un croque-monsieur
        엥 크로끄-므씨외

레스토랑에서

치즈, 햄, 계란을 넣고 버터에 구운 샌드위치

전식으로 포르토 술을 넣은 멜론을 먹고 싶습니다.

> 굴을
>
> 작은 파이를
>
> 샐러드를
>
> 새우를
>
> 달팽이를
>
> 간 요리를
>
> 거위 간 요리를
>
> 소세지를
>
> 가리비 조개를
>
> 양파 수프를

상황 표현

un croque-madame
엥 크로끄-마담

Pour commencer, j'aimerais du melon au porto.
뽀르 꼬망쎄 젬므레 뒤 믈롱 오 뽀르또

des huîtres
데 쥐트르

une quiche
윈 끼슈

des crudités
데 크뤼디떼

des crevettes
데 크르베뜨

des escargots
데 제스까르고

du pâté de foie
뒤 빠떼 드 프와

du pâté de foie gras
뒤 빠떼 드 프와 그라

du saucisson
뒤 쏘씨송

des coquilles Saint-Jacques
데 꼬끼으 쎙-쟈끄

une soupe à l'oignon gratinée
윈 쑤쁘 아 로뇽 그라띠네

레스토랑에서

주요리로 부르고뉴 식 소고기요리를 먹겠습니다.

후추를 뿌려 구운 스테이크를

야채와 소고기를 푹 삶은 요리를

갈비를

안심구이를

로스트 비프를

비프스테이크와 감자 튀김을

양고기를

양 다리 고기를

양 갈비를

양 갈비살을

양고기 스튜를

Comme plat principal, j'aimerais
꼼므 쁠라 프렝씨빨 젬므레

du boeuf bourguignon.
뒤 뵈프 부르기뇽

un steak au poivre
엥 스떽 오 쁘와브르

du pot-au-feu
뒤 뽀-또 푀

une entrecôte
윈 앙트르꼬뜨

un tournedos
엥 뚜르느도

du rôti de boeuf
뒤 로띠 드 뵈프

un bifteck frites
엥 비프떽 프리뜨

de l'agneau
드 라뇨

du gigot
뒤 지고

une côtelette de mouton
윈 꼬뜰레뜨 드 무똥

de la selle d'agneau
드 라 쎌 다뇨

du navarin
뒤 나바렝

레스토랑에서

주요리로 돼지갈비를 먹겠습니다.

　　　　로스트 포크를

　　　　건소시지를

　　　　햄을

　　　　슈크르트와 곁들여진 음식을
* 양상추와 돼지고기

　　　　겨자 친 토끼 요리를

　　　　토끼 요리를

　　　　송아지 갈비를

　　　　송아지 뇌 요리를

　　　　얇게 저민 쇠고기 요리를

　　　　꼬치구이를

　　　　개구리 다리 요리를

　　　　내장 요리를

상황 표현

Comme plat principal, j'aimerais
꼼므 쁠라 프렝씨빨 젬므레

une côte de porc.
윈 꼬뜨 드 뽀르

du rôti de porc
뒤 로띠 드 뽀르

du saucisson sec
뒤 쏘씨송 쎅

du jambon
뒤 장봉

une choucroute garnie
윈 슈크루뜨 갸르니

du lapin à la moutarde
뒤 라뺑 아 라 무따르드

un cuvet de lapin
엥 쒸베 드 라뺑

une côte de veau
윈 꼬뜨 드 보

une cervelle de veau
윈 쎄르벨 드 보

une escalope de veau
윈 에스꺌로쁘 드 보

une brochette
윈 브로셰뜨

des cuisses de grenouille
데 뀌스 드 그르누이으

des tripes
데 트리쁘

레스토랑에서

저는 <u>오렌지 넣은 오리 고기를</u> 먹고 싶습니다.

올리브 넣은 오리 고기를

새끼 오리 요리를

거위 요리를

타라곤 넣은 닭 요리를

닭 스튜를

꿩 요리를

메추라기 요리를

비둘기 요리를

J'aimerais essayer le canard à l'orange.
젬므레 에쎄이예　　　　르 꺄나르 아 로랑쥬

le candard aux olives
르 꺄나르 오 졸리브

le caneton
르 깐느똥

de l'oie
드 르와

le poulet à l'estragon
르 뿔레 아 레스트라공

la fricassée de poulet
라 프리꺄쎄 드 뿔레

le faisan
르 풰장

la caille
라 꺄이으

le pigeonneau
르 삐죠노

집에만 있는 아이는 어리석다.　-아이슬란드 속담-

레스토랑에서

저는 생선스튜를 먹고 싶습니다.

    곤돌매기를

    속 채운 대합 요리를

    대구를

    바닷가재를

    고등어를

    삶은 홍합을

    가재미 저민 고기를

    가재를

    황새동을

    송어를

    참치를

상황 표현

Je voudrais une bouillabaisse.
즈 부드레 윈 부이야베스

un brochet
앙 브로셰

des palourdes farcies
데 빨루르드 파르씨

du hareng
뒤 아렝

un homard
앙 오마르

un maquereau
앙 마끄로

des moules marinières
디 물르 마리나에르

du filet de sole
뒤 필레 드 쏠

une langoustine
윈 랑그스띤느

de l'espadon
드 레스빠동

une truite
윈 트뤼뜨

du thon
뒤 똥

레스토랑에서

디저트로 케익을   먹겠습니다.

캬라멜 소스 얹은 푸딩을

초콜릿 무스를

크레이프를

소스를 얹은 푸딩을

과일 샐러드를

아이스크림을

딸기파이를

샤베트를

상황 표현

Comme dessert, je prendrai du gateau.
꼼므 데쎄르 즈 프랑드레 　　　　　　　뒤 갸또

une crème caramel
윈 크렘 까라멜

une mousse au chocolat
윈 무스 오 쇼꼴라

des crêpes
데 크레쁘

une île flottante*
윈 일 플로땅뜨

une salade de fruits
윈 쌀라드 드 프뤼

de la glace
드 라 글라스

une tarte aux fraises
윈 따르뜨 오 프레즈

un sorbet
엥 쏘르베

* 소스를 얹은 크림의 일종

레스토랑에서

<u>잔 하나만</u>   주시겠습니까?

포크를

유리컵을

나이프를

숟가락을

접시를

후추를

소금을

설탕을

식초를

겨자를

빵을

버터를

상황 표현

Pouvez-vous m'apporter
부베-부 마뽀르떼

une tasse, s'il vous plaît.
윈 따스   씰 부 쁠레

une fourchette
윈 푸르셰뜨

un verre
엥 베르

un couteau
엥 꾸또

une cuiller
윈느 뀌이예

une assiette
윈 아씨에뜨

du poivre
뒤 뿌와브르

du sel
뒤 셀

du sucre
뒤 쒸크르

du vinaigre
뒤 비네그르

de la moutarde
드 라 무따르드

du pain
뒤 빵

du beurre
뒤 뵈르

레스토랑에서

케찹이 없습니다.

맛있게 드세요.

물을 주시겠습니까?

다른 것을 원하십니까?

좀 더 드시겠습니까?

계산서 주세요.

봉사료가 포함되어 있습니까?

상황 표현

Nous n'avons pas de ketchup.
누 나봉 빠 드 께찹

Bon appétit.
보 나뻬띠

Pourrais-je avoir de l'eau, s'il vous plaît.
뿌레-즈 아브와르 드 로 씰 부 쁠레

Vous désirez autre chose?
부 데지레 오트르 쇼즈

Encore un peu?
앙꼬르 엥 쀠

L'addition, s'il vous plaît.
라디씨옹 씰 부 쁠레

Le service est compris?
르 쎄르비스 에 꽁프리

Part 3
시간 · 수 · 색

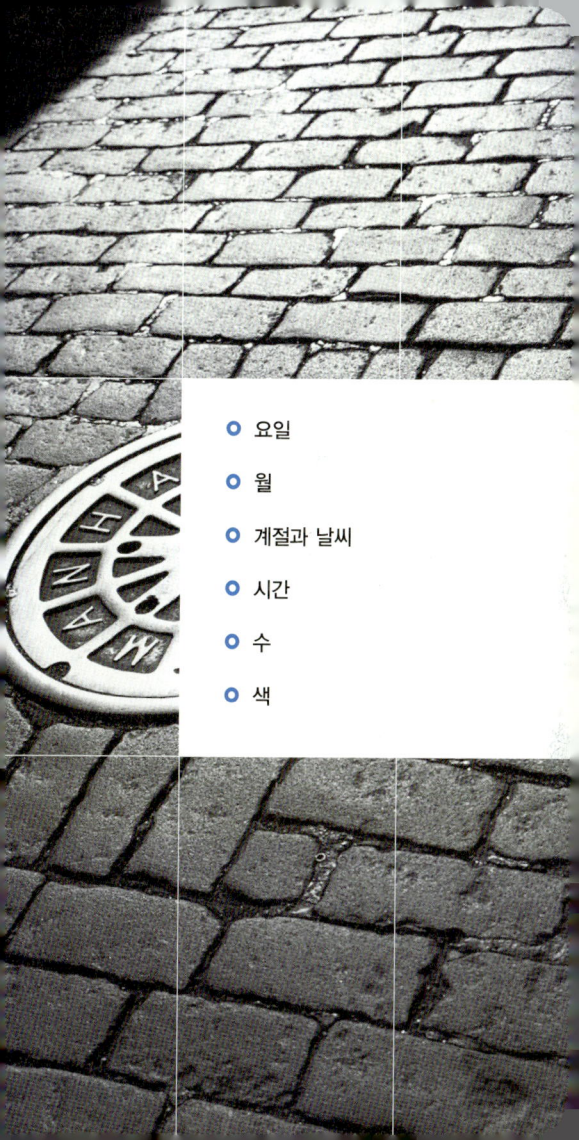

- 요일
- 월
- 계절과 날씨
- 시간
- 수
- 색

요일

월요일 lundi 렝디

화요일 mardi 마르디

수요일 mercredi 메르크르디

목요일 jeudi 죄디

매일

오늘

내일

어제

축제날

시간
수·색

금요일 vendredi 방드르디

토요일 samedi 싸므디

일요일 dimanche 디망슈

tous les jours / chaque jour
뚜 레 쥬르   샤끄쥬르

aujourd'hui
오쥬르디

demain
드망

hier
이에르
* i 와 e 발음의 결합은 '이', '에' 와 같이 발음된다.

un jour de fête
엥 쥬르 드 페뜨

요일

모레

그저께

다른 날

다음 주 일요일

다음 주 월요일

일요일 후의 화요일

이번 주

다음 주

시간 수색

après-demain
아프레-드망

avant-hier
아방-띠에르

l'autre jour
로트르 쥬르

dimanche prochain
디망슈 프로샹

lundi prochain
렝디 프로샹

mardi en huit
마르디 앙 위뜨

cette semaine
쎄뜨 스멘느

la semaine prochaine
라 스멘느 프로셴느

월

1월	**janvier**	쟝비에
2월	**février**	페브리예
3월	**mars**	마르스
4월	**avril**	아브릴
5월	**mai**	메
6월	**juin**	쥬엥

오늘은 무슨 요일이지요?

오늘은 일요일입니다.

오늘이 며칠이지요?

오늘은 7월 14일입니다.

7월	juillet	쥐이예
8월	août	우(뜨)
9월	septembre	셉땅브르
10월	octobre	옥또브르
11월	novembre	노방브르
12월	décembre	데쌍브르

Quel jour sommes-nous?
깰 쥬르 쏨므-누

C'est aujourd'hui dimanche.
쎄뜨 오쥬르디 디망슈

Quelle est la date?
깰 에 라 다뜨

Aujourd'hui, c'est le 14 juillet.
오쥬르디 쎄 르 꺄또르쥬 쥐이예

월

이번 달

지난 달

달력이 있으십니까?

금년

작년

내년

시간·수·색

ce mois-ci
쓰 므와-씨

le mois dernier
르 므와 데르니에

Avez-vous un calendrier?
아베-부 엥 꺌랑드리에

cette année
쎄뜨 아네

l'année dernière
라네 데르니에르

l'année prochaine
라네 프로쎈느

자식을 성공시키려면 일찍부터 여행을 많이 시켜라.
-서양 속담-

계절과 날씨

계절	la saison	라 쎄종
봄	le printemps	르 프렝땅
여름	l'été	레떼

오늘 날씨가 어떤가요?

덥습니다.

춥습니다.

습기가 많습니다.

건조합니다.

비가 옵니다.

눈이

시간·수·색

가을 l'automne 로똔느

겨울 l'hiver 리베르

Quel temps fait-il aujourd'hui?
껠 땅 페-띨 오쥬르디

Il fait chaud.
일 페 쇼
      froid
      프르와
      humide
      위미드
      sec
      쎅

Il pleut.
일 쁠뢰
   neige
   네쥬

계절과 날씨

내일은 날씨가 어떻겠습니까?

<u>선선할</u> 겁니다.

구름이 많을

화창할

바람이 불

오늘은 21℃입니다.

Quel temps fera-t-il demain?

껠 땅 프라-띨 드망

Il fera frais.

일 프라 프레

nuageux

뉘아죄

beau

보

du vent

뒤방

Il fait vaingt et un degrés.

일 페 벵 떼 엥 드그레

약국과 약품   tip

약국은 시내 어디에서나 찾아볼 만큼 많이 있다. 일반적으로 문을 열고 닫는 시간이 상점과 비슷하며 (9시~19/20시). 야간, 일요일, 휴일에 여는 약국들도 찾기가 어렵지 않다. 모든 약국마다 가장 가까이에서 찾을 수 있는 야간 약국 주소를 공고하고 있으니 참고하는 것이 좋다. 어떤 약은 사려면 진찰했던 의사 처방전이 필요하며 그 외 다른 약들은 자유로이 구입할 수 있다. 약사는 이러한 경우에 필요한 주의사항들을 알려주거나 조언을 해 줄 수 있다. 그러나 복용하는 약품이나 간단한 소화제, 진통제 등은 미리 구입해 가는 것이 좋다.

시간

시간

오전

오후

저녁

1초

2초

10초

1시간

3시간

5시간

시간
수·색

l'heure
뢰르

du matin
뒤 마땅
de l'après-midi
드 라프레-미디
du soir
뒤 스와르

une seconde
윈느 스공드
deux secondes
되 스공드
dix secondes
디 스공드

une heure
윈느 외르
trois heures
트롸 죄르
cinq heures
쌩 꾀르

시간

1분

10분

20분

30분

지금 몇 시입니까?

9시입니다.

11시 15 분입니다.

8시 15 분입니다.

2시 반입니다.

시간
수·색

une minute
윈느 미뉘뜨
dix minutes
디 미뉘뜨
vingt minutes
벵 미뉘뜨
trente minutes
트랑뜨 미뉘뜨

Quelle heure est-il maintenant?
껠 외르 에-띨 멩뜨낭

Il est neuf heures.
일 에 뇌 뵈르
* 이 경우 'neuf' 와 'heures' 가 연음되면서 'f' 가 'v' 로 발음된다.

Il est onze heures quinze.
일 에 옹 죄르 껭즈

Il est huit heures et quart.
일 에 위 뙤르 에 꺄르

Il est deux heures et demie.
일 에 되 죄르 에 드미

시간

<u>오늘 아침</u>　당신 집을 방문하겠습니다.

오늘 오후

오늘 저녁

정오에

아침 일찍

30분 후에

Je voudrai chez vous ce matin.
즈 비엥드레 셰 부 쓰 마땅

cet après-midi
쎄뜨 아프레-미디

ce soir
쎄 스와르

à midi
아 미디

de bonne heure le matin
드 본 뇌르 르 마땅

dans une demi-heure
당 쥔느 드미-외르

여행 Tip

팁 : 계산서에 15% 봉사료가 포함되어 있으므로 별도의 팁은 필요 없으나, 통상 카페는 0.5~1유로, 식당은 1~2유로 정도, 호텔 룸에는 1~2유로 정도 잔돈을 남겨 놓는다.

화장실 : 프랑스 역시 다른 유럽 국가와 마찬가지로 화장실을 찾는 것이 힘들다. 지하철역에도 화장실이 드물고, 백화점 등의 건물 화장실도 유료인 경우가 많다. 유료 화장실의 가격은 0.5유로 정도. 따라서 이동하기 전에 카페 식당 등에서 미리 화장실을 이용하는 것이 좋다.

지하철 문 : 파리 대부분의 지하철은 수동식 문이라 사람이 손잡이를 돌리거나 버튼을 눌러 문을 열지 않으면 열리질 않는다. 역에 도착하여 내리는 다른 사람이 없을 경우 문을 스스로 열고 내려야 한다.

수

1. un 엥
2. deux 되
3. trois 트르와
4. quatre 꺄트르
5. cinq 쎙끄
6. six 씨스
7. sept 쎄뜨
8. huit 위뜨
9. neuf 뇌프
10. dix 디스
11. onze 옹즈
12. douze 두즈
13. treize 트레즈
14. quatorze 꺄또르즈
15. quinze 껭즈
16. seize 쎄즈
17. dix-sept 디-쎄뜨

시간 수·색

18	**dix-huit**	디즈-위뜨
19	**dix-neuf**	디즈-뇌프
20	**vingt**	벵
21	**vingt et un**	벵 떼 엥
22	**vingt-deux**	벵-되
23	**vingt-trois**	벵-트르와
30	**trente**	트랑뜨
40	**quarante**	까랑뜨
50	**cinquante**	쌩깡뜨
60	**soixante**	스와쌍뜨
70	**soixante-dix**	스와쌍뜨-디스
71	**soixante et onze**	스와쌍 떼 옹즈
80	**quatre-vingts**	까트르-벵
90	**quatre-vingt-dix**	까트르-벵-디스
100	**cent**	쌍
1,000	**mille**	밀
백만	**un million**	엥 밀리옹
십억	**un milliard**	엥 밀리야르

색

저는 이 색깔을 좋아합니다.

저는 붉은색을   더 좋아합니다.

  푸른색을

  흰색을

  검은색을

  보라색을

  밤색을

  갈색을

  회색을

  오렌지색을

  노란색을

  초록색을

> J'aime cette couleur.
> 젬므 세뜨 꿀뢰르

Je préfère le rouge.
즈 프레페레   르 루쥬

le bleu
르 블뢰

le blanc
르 블랑

le noir
르 느와르

le violet
르 비올레

le marron*
르 마롱

le brun
르 브렝

le gris
르 그리

l'orange
로랑쥬

le jaune
르 죈느

le vert
르 베르

* 'marron'은 색깔을 지칭할 때에만 쓰인다. 반면 머리카락, 피부, 맥주 등의 색을 지칭할 때는 'brun'을 쓴다. 따라서 밤색 머리의 남자는 'un brun', 여자는 'une brune'라고 부른다.

Part 4
통신 · 은행

- 우체국에서
- 전보 보내기
- 전화
- 환전
- 세관

우체국에서

우편물

우체국이 어디 있습니까?

어디에서 이것을 부칠 수 있을까요?

등기로   부치고 싶은데요.

항공우편으로

속달로

등기로

손해배상보험에 든 등기로

이 소포를 부치고 싶습니다.

통신 은행

le courrier
르 꾸리예

Où est le bureau de poste?
우 에 르 뷔로 드 뽀스뜨

Où est-ce que je peux poster ça?
우 에스 끄 즈 뾔 뽀스떼 싸

Je voudrais l'expédier en recommandé.
즈 부드레 렉스뻬디에   앙 르꼬망데
par avion
빠르 아비용
en express
아 넥스프레스
en recommandé
앙 르꼬망데
à valeur déclarée
아 발뢰르 데끌라레

Je voudrais expédier ce paquet.
즈 부드레 엑스뻬디에 쓰 빠께

우체국에서

한국으로 보내는데 드는 비용은 얼마입니까?

편지 한 통

우편엽서 한 장

저는 항공우편 한 장을 원합니다.

이 소포는 책 입니다.

       식품

       깨지는 물건

       인쇄물

       개인용품

제가 여기서 우편환을 바꿀 수 있습니까?

통신·은행

Quel est le tarif pour la Corée?
껠 에 르 따리프 뿌르   라 꼬레

une lettre
윈 레트르

une carte postale
윈 까르뜨 뽀스딸

Je voudrais un aérogramme.
즈 부드레 엥 아에로그람므

Ce paquet contient des livres.
쓰 빠께 꽁띠엥   데 리브르

des produits alimentaires
데 프로뒤 알리망떼르

des objets fragiles
데 조브제 프라질르

des imprimés
데 쟁프리메

des objets personnels
데 조브제 뻬르쏘넬

Je peux toucher un mandat international ici?
즈 쁘 뚜셰 엥 망다 엥떼르나씨오날 이씨

전보 보내기

미국에 전보를 보내고 싶습니다.

  텔렉스를

  팩스를

언제 도착합니까?

통신 은행

Je voudrais envoyer
즈 부드레 앙브와예

un télégramme aux Etats-Unis.
엥 뗄레그람므 오 제따-쥬니

un télex
엥 뗄렉스

un fax
엥 팍스

Ça arrivera quand?
싸 아리브라 깡

---

tip

프랑스의 우체국

우체국은 노란 바탕에 파란색 새그림과 라포스트(LA POSTE)라고 표시되어 있어 찾기 쉬우며 우체국에서는 통상적으로 우편업무 외에 시외전화, 장거리 송금을 하거나 받을 수 있다. 여행자들은 24시간 문을 여는 파리 중앙 우체국을 이용하는 것이 편리하다. 보통 우체국은 월요일부터 금요일까지는 8시~19시까지, 토요일은 8시~16시까지이다. 일요일, 축제일에는 대도시에 한해 약간의 우체국이 오전 중에만 열고 전화, 전보, 우표판매의 업무만을 한다. 우표는 낱장으로도 판매하며 담배가게에서도 판매한다.

요금문의 : http://www.laposte.fr

전화

전화는 어디에 있습니까?

전화 좀 쓸 수 있을까요?

어떻게 사용하지요?

전화번호부는 어디에 있습니까?

미니텔은 어떻게 사용합니까?

이 번호로 연락해 주시겠습니까?

어디에서 전화카드를 살 수 있습니까?

통신 은행

Où est le téléphone?
우 에 르 뗄레폰느

Je peux me servir de votre téléphone?
즈 쁘 므 쎄르비르 드 보트르 뗄레폰느

Comment ça marche?
꼬망 싸 마르슈

Où est l'annuaire, s'il vous plaît.
우 에 라뉘에르 씰 부 쁠레

Comment ça marche le minitel?
꼬망 싸 마르슈 르 미니뗄

* 미니텔 : 전화와 연결된 미니 모뎀 컴퓨터. 이것을 통해 프랑스 내에 거주하는 각 개인의 주소와 전화번호를 알아낼 수 있다.

Pouvez-vous obtenir ce numéro pour moi, s'il vous plaît.
부베-부 옵뜨니르 쓰 뉘메로 뿌르 므와 씰 부 쁠레

Où est-ce que je peux acheter une télécarte?
우 에스끄 즈 쁘 아쉐떼 윈 뗄레까르뜨

* 전화카드

전화

영국에 전화를 걸고 싶습니다.

지명통화로 전화를 걸고 싶습니다.

수신자 부담으로

지방에

스페인까지 통화요금이 얼마입니까?

안내 데스크 부탁합니다.

여보세요.

마리와 통화할 수 있을까요?

미안하지만 그녀가 없습니다.

Je voudrais téléphoner en Angleterre.
즈 부드레 뗄레포네 앙 앙글르떼르

Je voudrais appeler avec pré-avis.
즈 부드레 아쁠레   아벡 프레-아비
en P.C.V.
앙 뻬쎄베
en province
앙 프로방스

Quel est le tarif des communications pour l'Espagne?
껠 에 르 따리프 데 꼬뮈니까씨옹 뿌르 레스빠뉴

Renseignements, s'il vous plaît.
랑쎄뉴망 씰 부 쁠레

Allô!
알로

Pourrai-je parler à Marie?
뿌레-즈 빠를레 아 마리

Je regrette, elle n'est pas là.
즈 르그레뜨 엘 네 빠 라

전화

로베르가 있습니까?

끊지 말고 기다리세요.

통화중입니다.

Robert est là?

로베르 에 라

Ne quittez pas, s'il vous plaît.

느 끼떼 빠 씰 부 쁠레

La ligne est occupée.

라 리뉴 에 또뀌뻬

tip

프랑스에서의 전화

- 외국에서 프랑스로 전화하려면 0033 + 상대방 전화번호 (프랑스 전화번호에서 '0'을 제외한)를 누르면 된다.
  ex) 00-33-1-42-96-70-00

- 프랑스에서 프랑스로 전화하려면 '0'을 포함한 10자리 숫자를 눌러야 하며 프랑스로부터 외국에 전화할 경우에는 '00 + 국가번호 + 상대방 전화번호'를 누르면 된다.

- 모든 종류의 전화카드(공중전화용, 유선전화용 충전카드, 선불카드)는 우체국, 담배가게, 기념품가게에서 구입할 수 있다.

- 프랑스에는 유선전화 업체가 3개 있으므로 전화를 이용하기 위한 업체 선정에 대한 문의는 자국의 담당 업체에 문의해야 한다.

환전

소액권을 원합니다.

잔돈으로 주시겠습니까?

달러를 프랑으로 바꾸고 싶습니다.

달러 환율이 얼마나 됩니까?

Je voudrais des petites coupures.
즈 부드레 데 쁘띠뜨 꾸쀠르

Pouvez-vous me faire de la monnaie?
부베-부 므 페르 드 라 모네

Je voudrais changer des dollars en francs.
즈 부드레 샹제 데 돌라르 앙 프랑

Quel est le cours du dollar?
껠 에 르 꾸르 뒤 돌라르

여행과 변화를 사랑하는 사람은 생명이 있는 사람이다.
-바그너-

세관

세관은 어디 있습니까?

여권 주세요.

트렁크를 열어주세요.

여행가방을

핸드백을

배낭을

제 짐들입니다.

신고할 것 있습니까?

신고할 것이 아무 것도 없습니다.

통신 · 은행

Où est la douane?
우 에 라 두안느

Votre passeport, s'il vous plaît.
보트르 빠스뽀르 씰 부 쁠레

Ouvrez votre malle, s'il vous plaît.
우브레 보트르　　말르　　씰 부 쁠레
valise
발리즈
sac-à-main
싸-까-멩
sac
싹

Ce sont mes bagages.
쓰 쏭 메 바가쥬

Avez-vous quelque chose à déclarer?
아베-부 껠끄 쇼즈 아 데끌라레

Je n'ai rien à déclarer.
즈 네 리엥 아 데끌라레

세관

선물입니다.

술 한 병이 있습니다.

담배 한 보루가

제가 내야 할 세금이 있습니까?

제 가방을 닫을까요?

파리 어디에 삽니까?

프랑스에 얼마 동안 머무르겠습니까?

일주일간 머무를 것입니다.

C'est un cadeau.
쎄 떵 까도

J'ai une bouteille d'alcool.
제 원 부떼이으 달꼴

une cartouche de cigarettes
원 꺄르뚜슈 드 씨가레뜨

J'ai des droits de douane à payer?
제 데 드롸 드 두안느 아 뻬이예

Je peux fermer mes bagages?
즈 쁴 페르메 메 바가쥬

Où résidez-vous à Paris?
우 레지데-부 아 빠리

Combien de temps resterez-vous en France?
꽁비엥 드 땅 레스뜨레-부 앙 프랑스

Je resterai une semaine.
즈 레스뜨레 윈느 스멘느

세관

고맙습니다. 통과해도 됩니다.

Merci, vous pouvez passer.

메르씨 부 뿌베 빠쎄

tip

프랑스에서의 규칙

담배 : 공공장소(박물관, 유적, 극장, 대중 교통수단)에서 담배를 필 수 없으며, 식당은 금연석과 흡연석으로 나뉘어 있다.

음주 : 알코올농도가 혈액 1L당 0.5g이상이 되면 운전을 못하게 되어 있으며 경찰관은 운전자의 혈액 알코올 농도를 검사할 수 있다. 또한 술 취한 상태에서는 거리를 활보하는 것이 금지되어 있으므로 주의하는 것이 좋으며 미성년자에게 술이 취할 정도로 마시게 하는 것은 범법 행위이다. 16세 이하의 미성년자에게 알코올음료를 팔거나 제공하는 것은 금지되었으며 체육시설에 음료수를 가지고 들어가는 것도 금지되어 있다.

마약 : 프랑스에서 어떤 종류든 마약 사용이나 반입은 엄격하게 금지되어 있다.

환전

프랑스의 화폐단위는 유로(EURO)이며 동전은 1, 2, 5, 10, 20, 50 (Centime)상팀, 1, 2유로가 있고 지폐는 5, 10, 20, 50, 100, 200, 500 유로가 있다. 환전은 출발 전 한국에서 환전해 가는 것이 좋으며 이때 현금은 필요한 만큼만 환전하고 나머지는 여행자수표나 송금수표를 이용하는 것이 좋다. 이때 사용하는 수표는 일정한 금액이 적힌 것이 아니라 손님이 직접 구입한 물건의 가격을 적어 상인에게 주는 방식이다.

Part 5
교통기관

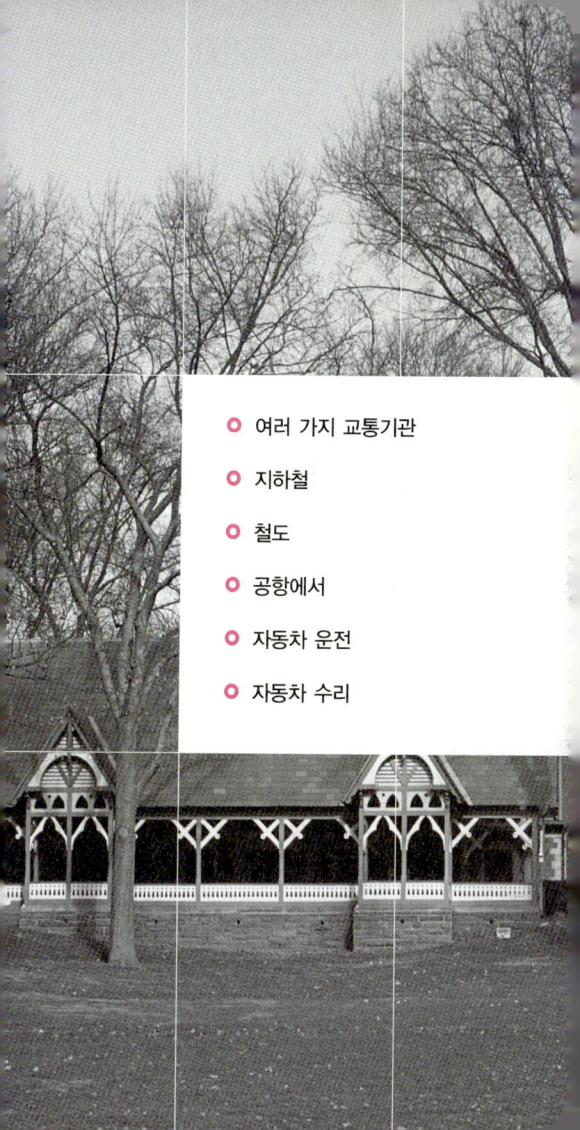

- 여러 가지 교통기관
- 지하철
- 철도
- 공항에서
- 자동차 운전
- 자동차 수리

여러 가지 교통기관

택시는 어디에 있습니까?

버스는 어디에 있습니까?

관광버스는

시외버스는

배는

유람선은

어디에서 자동차를 렌트할 수 있습니까?

자가용을

모페드를

자전거를

자전거를

교통기관

Où sont les taxis?
우 송 레 딱씨

Où est l'autobus?
우 에   로또뷔스
le car
르 까르
l'autocar
로또꺄르
le bateau
르 바또
le bateau-mouche
르 바또-무슈

Où est-ce que je peux louer une auto?
우 에스 끄 즈 뾔 루에   윈 오또
une voiture
윈 브와뛰르
un vélomoteur
엥 벨로모뙤르
une bicyclette
윈느 비씨끌레뜨
un vélo
엥 벨로

여러 가지 교통기관

하루 빌리는데 비용이 얼마입니까?

주말에 렌트하는데 특별요금이 있습니까?

면허증을 보여주세요.

교통기관

Quel est le prix de location pour une journée?

껠 에 르 프리 드 로까씨옹 뿌르 윈느 쥬르네

Est-ce qu'il y a un forfait pour le weekend?

에스 낄 리 아 엥 포르페 뿌르 르 위껜드

Votre permis de conduire, s'il vous plaît.

보트르 뻬르미 드 꽁뒤르 씰 부 쁠레

tip

프랑스의 교통수단

기차 : 프랑스는 철도망이 매우 발달되어 있다. TGV와 TER로 도시 어느 곳이나 다 갈 수 있을 정도로 잘 연결되어 있다. (www.sncf.com)

고속철도 : TGV는 확실, 정확, 안락한 교통수단이다. 출발 직전이라도 항상 예약하는 것은 필수 (www.tgv.com)

택시 : 15,000여대 이상의 택시가 도시에서 영업을 하고 있으며 택시정류장이나 혹은 길에서 탈 수 있다.

버스와 지하철 : 프랑스의 몇몇 도시에는 지하철이나 전철이 있으며 대부분 버스 노선이 잘 되어 있다. 파리에서는 지하철이 이동하는데 가장 빠르고 편리한 수단으로 15개의 노선과 300개 정도의 지하철역이 있다. 버스는 새벽 5시 30분~저녁 20시 30분까지 운행되며 밤에는 심야버스가 파리 시내와 외곽을 연결해 준다. 지하철이나 RER역에서 노선도를 구할 수 있다.

지하철

표 주세요.

정액권

주간 정액권

월간 정액권

에펠탑에 가려면 어느 역에서 내려야 하나요?

개선문에

나폴레옹 묘소에

몽마르트르에

어느 노선을 탈까요?

어디에서 갈아 타야 합니까?

교통기관

Un billet, s'il vous plaît.
엥 비예   씰 부 쁠레
Un carnet
엥 꺄르네
Une carte hebdomadaire
윈 꺄르뜨 에브도마데르
Une carte mensuelle
윈 꺄르뜨 망쒸엘르

A quelle station dois-je descendre pour
아 껠 스따씨옹 드와-즈 데쌍드르 뿌르
la Tour Eiffel?
라 뚜르-에펠
l'Arc de Triomphe
라르끄 드 트리옹프
le Tombeau de Napoléon
르 똥보 드 나뽈레옹
Montmartre
몽마르트르

C'est sur quelle ligne?
쎄 쒸르 껠 리뉴

Où est-ce que je fais la correspondance?
우 에스 끄 즈 페 라 꼬레스뽕당스

철도

니스행 열차는 어디에서 출발합니까?

리용행

마르세이유행

아를르 발 열차가 2번 플랫홈에 도착합니다.

안내소는 어디에 있습니까?

렌트 창구는 어디입니까?

시각표를 원합니다.

파리행 1등칸은 얼마입니까?

　　　　2등칸은

D'où part le train pour Nice?
두 빠르 르 트렝   뿌르 니스

pour Lyon
뿌르 리용

pour Marseille
뿌르 마르쎄이으

Le train d'Arles arrive en gare au quai numéro deux.
르 트렝 다를르 아리브 앙 갸르 오 꼐 뉴메로 되

Où est le bureau de renseignements?
우 에 르 뷰로 드 랑쎄뉴망

Où est le guichet de location?
우 에 르 기셰 드 로까씨옹

Je voudrais une fiche horaire.
즈 부드레 윈느 피슈 오레르

Combien coûte un billet
꽁비엥 꾸뜨 엥 비예

de première classe pour Paris?
드 프르미에르 끌라스   뿌르 빠리

de deuxième classe
드 되지엠므 끌라스

철도

도빌행 왕복표는 얼마입니까?

학생용   특별요금이 있습니까?

노인용

스트라스부르행 열차가
몇 시에 있습니까?

보르도에 몇 시에 기차가 도착합니까?

이 열차가 마르세이유행 떼제베
맞습니까?

이 열차에 식당차가 있습니까?

교통기관

Combien coûte un aller-retour pour Deauville?

꽁비엥 꾸뜨 엥 알레-르뚜르 뿌르 도빌

Est-ce qu'il y a un tarif spècial
에스 낄 리 아 엥 따리프 스페씨알
pour ètudiants?
뿌르 에뛰디앙
pour les personne du troisième âge
뿌르 레 뻬르쏜느 뒤 트롸지엠므 아쥬

A quelle heure part le train pour Strasbourg?

아 껠 외르 빠르 르 트렝 뿌르 스트라스부르

A quelle heure est-ce que le train arrivera à Bordeaux?

아 껠 외르 에스 끄 르 트렝 아리브라 아 보르도

C'est bien le TGV* pour Marseille?

쎄 비엥 르 떼제베 뿌르 마르쎄이으

*'Train à Grande Vitesse'의 약어. 초고속 열차.

Est-ce qu'il y a un wagon-restaurant
에스 낄 리 아 엥 바공-레스또랑
dans ce train?
당 쓰 트렝

철도

이 열차에 <u>열차내 바가</u> 있습니까?

    침대차가

이 좌석에[은] 사람이 있습니까?

    예약되었습니까

표를 보여주세요.

이 칸에서 담배를 피워도 됩니까?

<u>이 도시</u> 이름이 무엇입니까?

이 마을

이 소도시

Est-ce qu'il y a un wagon-bar dans ce train?
에스 낄 리 아   엥 바공-바르   당 쓰 트렝
un wagon-lit
엥 바공-리

Cette place est occupée?
쎄뜨 쁠라스 에   오뀌뻬
réservée
레제르베

Votre billet, s'il vous plaît.
보트르 비예 씰 부 쁠레

Est-ce qu'on peut fumer dans ce compartiment?
에스 꽁 뾔 퓌메 당 쓰 꽁빠르띠망

Comment s'appelle cette ville?
꼬망 싸뻴르   쎄뜨 빌르
ce village
쓰 빌라쥬
cette petite ville
쎄뜨 쁘띠뜨 빌르

철도

몇 분간 정차합니까?

출구는   어디입니까?

입구는

버스정거장에   제 가방을 가져다 주세요.

택시정류장에

> **Il y a combien de minutes d'arrêt?**
> 일 리 아 꽁비엥 드 미뉴뜨 다레

> **Où est la sortie?**
> 우 에 　　　라 쏘르띠
> **l'entrée**
> 랑트레

> **Portez mes bagages**
> 뽀르떼 메 바가쥬
> **à l'arrêt de l'autobus, s'il vous plaît.**
> 아 라레 드 로또뷔스　　　　　　　씰 부 쁠레
> **à la station de taxis**
> 아 라 스따씨옹 드 딱시

여행하는 것은 보기 위한 것이다. -탄자니아 속담-

공항에서

공항에 가야 합니다.

공항까지 택시 요금은 얼마입니까?

짐은 어디에서 부칩니까?

브뤼셀행 비행기는 몇 시에 떠납니까?

부산행 비행기는 얼마나 연착합니까?

| 교통 기관

Je dois aller à l'aéroport.
즈 드와 잘레 아 라에로뽀르

C'est combien pour aller à l'aéroport en taxi?
쎄 꽁비엥 뿌르 알레 아 라에로뽀르 앙 딱시

Où est l'enregistrement des bagages?
우 에 랑레지스트르망 데 바가쥬

A quelle heure part l'avion pour Bruxelles?
아 껠 외르 빠르 라비용 뿌르 브뤼쎌
* Bruxelles은 '브뤽쎌'이라고 발음되기도 한다.

Combien de retard aura le vol pour Pusan?
꽁비엥 드 르따르 오라 르 볼 뿌르 부산

진정한 여행은 새로운 배경을 얻는 것이 아니라 새로운 시야를 갖는 것이다. -최정민-

공항에서

창구는   어디에 있습니까?

24번 게이트는

면세점은

수하물 보관소는

무인 수하물 보관소는

교통기관

Où se trouve le guichet?
우 쓰 트루브 르 기셰

la porte vingt-quatre
라 뽀르뜨 벵-꺄트르

les boutiques hors-taxes
레 부띠끄 오르-딱스

la consigne
라 꽁씨뉴

la consigne automatique
라 꽁씨뉴 오또마띠끄

정처없이 여행을 해 보라.
늘 아는 길만 다니는 것은 안전하기는 해도 지루하다.
모르는 길을 헤매면서 새로운 것을 많이 배운다.
– 박광철 《부끄러운 A학점보다 정직한 B학점이 낫다》 –

자동차 운전

<u>남쪽으로</u> 가는 고속도로를 어떻게 부릅니까?

북쪽으로

동쪽으로

서쪽으로

보르도로

베르사이유로

퀘벡으로

몬트리올로

유료 고속도로인가요?

이 도로에서는 교통체증이 잦습니까?

교통기관

Comment s'appelle l'autoroute qui va
꼬망 싸뺄르 로또루뜨 끼 바

vers le sud?
베르 르 쒸드

vers le nord
베르 르 노르

vers l'est
베르 레스뜨-

vers l'ouest
베르 르웨스뜨

à Bordeaux
아 보르도

à Versailles
아 베르싸이으

à Québec
아 꿰벡

à Montréal
아 몽레알

C'est une autoroute à péage?
쎄 뛴 오또루뜨 아 뻬아쥬

Est-ce qu'il y a beaucoup d'embouteillages sur cette route?
에스 낄 리 아 보꾸 당부떼이야쥬 쒸르 쎄뜨 루뜨

자동차 운전

해변도로에 교통량이 많습니까?

이 도로는 어디로 갑니까?

칼레 가는 길 맞습니까?

랭스

여기에서 파리까지 몇 킬로입니까?

시간이 얼마나 걸립니까?

지도 있습니까?

그것을 볼 수 있을까요?

교통기관

Est-ce qu'il y a beaucoup de circulation sur la route de la plage?
에스 낄 리 아 보꾸 드 씨르뀔라씨옹 쒸르 라 루뜨 드 라 쁠라쥬

Où va cette route?
우 바 쎄뜨 루뜨

Est-ce que je suis bien sur la route de
에스 끄 즈 쒸 비엥 쒸르 라 루뜨 드

Calais?
깔레

Reims
렝스

Paris est à combien de kilomètres d'ici?
빠리 에 따 꽁비엥 드 낄로메트르 디씨

Ça prend combien de temps?
싸 프랑 꽁비엥 드 땅

Avez-vous une carte?
아베-부 윈 꺄르뜨

Je peux la regarder?
즈 뾔 라 르갸르데

193

자동차 운전

길을 가르쳐 주시겠습니까?

안내원을 소개해 줄 수 있습니까?

손가락으로 가리켜 주세요.

여기가 어디죠?

오른쪽으로 돌아가세요.
왼쪽으로

곧장 가세요.

왼쪽에 계세요.
오른쪽에

교통기관

Pouvez-vous me guider?
부베-부 므 기데

Pouvez-vous me trouver un guide?
부베-부 므 트루베 엥 기드

Montrez-le du doigt, s'il vous plaît.
몽트레-르 뒤 드와 씰 부 쁠레

Où est-ce que je suis?
우 에스 끄 즈 쒸

Tournez à droite.
뚜르네 　　 아 드롸뜨
　　　à gauche
　　　아 고슈

Allez tout droit.
알레 뚜 드롸

Restez bien à gauche.
레스떼 비엥 　 아 고슈
　　　　à droite
　　　　아 드롸뜨

자동차 운전

교차로에서 돌아오세요.

표지판을 따라 가세요.

저기요?

여기요?

가깝습니까?

멉니까?

매우 멉니까?

이쪽으로 갑니까?

저쪽으로 갑니까?

바로 거기입니다.

교통기관

Retournez au carrefour.
르뚜르네 오 꺄르푸르

Suivez le panneau.
쉬베 르 빠노

C'est là?
쎄 라

ici
이씨

près
프레

loin
르엥

très loin
트레 르엥

par ici
빠르 이씨

par là
빠르 라

C'est juste là.
쎄 쥐스뜨 라

자동차 운전

<u>주유소가</u> 어디에 있습니까?

주차장이

휴게소가

버스정류장이

여관이

여기에 주차해도 됩니까?

Où est la station-service?
우 에 라 스따씨옹-쎄르비스

le parking
르 빠르낑

l'aire de repos
레르 드 르뽀

la gare routière
라 갸르 루띠에르

l'auberge
로베르쥬

Est-ce que je peux stationner ici?
에스 끄 즈 뾔 스따씨오네 이씨

호기심이란 맹목적인 충동에 사로잡혀 여행을 떠나는 자는
방랑자에 지나지 않는다. -골드 스미스-

자동차 수리

이 자동차에 맞는 부속품이 있습니까?

<u>점화 플러그를</u>　점검하세요.

밧데리를

오일을

라디에이터에 물을 보충하세요.

브레이크를 확인하세요.

엔진오일을 바꾸세요.

앞창을 닦으세요.

기름을 칠하세요.

교통 기관

Avez-vous des pièces détachées pour cette voiture?
아베-부 데 삐에스 데따셰 뿌르 세뜨 브와띠르

Vérifiez les bougies.
베리피에   레 부지

la batterie
라 바뜨리

l'huile
륄르

Ajoutez de l'eau dans le radiateur.
아쥬떼 드 로 당 르 라디아뙤르

Vérifiez les freins.
베리피에 레 프렝

Faites la vidange.
페뜨 라 비당쥬

Nettoyez le pare-brise.
네뜨와예 르 빠르-브리즈

Faites un graissage.
페뜨 장 그레싸쥬

자동차 수리

와이퍼를 교체하세요.

차를 닦으세요.

휘발유를 가득 채워주세요.

휘발유 3리터 주세요.
무연

셀프서비스 주유소입니까?

엔진이 잘 작동되지 않습니다.
핸들이
크러치가
트랜스미션이

Remplacez les essuie-glace.
랑쁠라쎄 레 제쒸-글라스

Lavez la voiture.
라베 라 브와띠르

Faites le plein, s'il vous plaît.
페뜨 르 쁠렝 씰 부 쁠레

Je voudrais trois litres d'essence.
즈 부드레 트르와 리트르   데쌍스

d'essence sans plomb
데쌍스 쌍 쁠롱

C'est une station libre-service?
쎄 뛴느 스따씨옹 리브르-쎄르비스

Le moteur ne marche pas bien.
르 모뙤르   느 마르슈 빠 비앙

La direction
라 디렉씨옹

La pédale d'embrayage
라 뻬달 덩브레이야쥬

La transmission
라 트랑스미씨옹

자동차 수리

전조등이 잘 작동되지 않습니다.

브레이크가 잘 작동이 되지 않습니다.

자동차 시동이 안 걸립니다.

타이어가 펑크 났습니다.

그것을 수리할 수 있겠습니까?

얼마나 걸리겠습니까?

비용이 얼마나 듭니까?

교통기관

Les phares ne marchent pas.
레 파르 느 마르슈 빠

Les freins ne marchent pas bien.
레 프렝 느 마르슈 빠 비앙

L'auto ne démarre pas.
로또 느 데마르 빠

J'ai un pneu crevé.
제 엥 쁘뉘 크르베

Pouvez-vous le réparer?
부베-부 르 레빠레

Ça prendra combien de temps?
싸 프랑드라 꽁비엥 드 땅

Ça coûtera combien?
싸 꾸뜨라 꽁비앙

Part 6
긴급사태

○ 긴급상황

긴급상황

도와주세요!

저는 기분이[몸이] 별로 좋지 않습니다.

저를 도와 주시겠습니까?

사고가 났습니다.

앰블런스를 불러주세요.

무슨 일입니까?

경찰을 부르세요.

무슨 일입니까?

Au secours!
오 스꾸르

Je ne me sens pas bien.
즈 느 므 쌍 빠 비앙

Vous pouvez m'aider?
부 뿌베 메데

Il y a eu un accident.
일 리 아 에 낙씨당

Appelez une ambulance.
아쁠레 윈느 앙뷜랑스

Qu'est-ce qu'il y a?
께스 낄 리 아

Appelez la police.
아쁠레 라 뽈리스

Qu'est-ce qui se passe?
께스 끼 스 빠스

긴급상황

누가 좀 아픕니다.

의사를 부르셔야겠어요.

영어를 하는 의사를 불러 주시겠어요?

통역을 찾아 주시겠어요?

길을 잃었습니다. <남성이 말할 경우>

길을 잃었습니다. <여성이 말할 경우>

제 여권을   잃어버렸습니다.

제 돈을

저의 일행을

긴급 사태

Quelqu'un est malade.
껠껑 에 말라드

Il faut appeler le docteur.
일 포 아쁠레 르 독뙤르

Vous pouvez appeler un docteur qui parle anglais?
부 뿌베 아쁠레 엥 독뙤르 끼 빠를르 앙글레

Vous pouvez me trouver un interprète?
부 뿌베 므 트루베 에 넹떼르프레뜨

Je suis perdu.
즈 쒸 뻬르뒤
Je suis perdue.
즈 쒸 뻬르뒤
* 남성형과 여성형의 발음은 같다.

J'ai perdu mon passeport.
제 뻬르뒤　　몽 빠스뽀르
　　　　　　mon argent
　　　　　　모 나르쟝
　　　　　　mon groupe
　　　　　　몽 그루쁘

211

긴급상황

지갑을 잃어버렸습니다.

손가방을

카메라를

제 남편을 찾을 수가 없습니다.

제 아내를

제 아이들을

저는 피곤합니다. <남성이 말할 경우>

저는 피곤합니다. <여성이 말할 경우>

긴급
사태

J'ai perdu mon porte-feuille.
제 뻬르뒤 몽 뽀르뜨-푀이으

mon sac-à-main
몽 싸-까-망

mon appareil
모 나빠레이으

Je ne retrouve plus mon mari.
즈 느 르트루브 쁠뤼 몽 마리

ma femme
마 팜므

mes enfants
메 장팡

Je suis fatigué.
즈 쒸 파띠게

Je suis fatiguée.
즈 쒸 파띠게

* 남성형과 여성형의 발음은 같다.

긴급상황

저는 <u>배가 고픕니다.</u>

    목이 마릅니다

    잠이 옵니다

    춥습니다

    덥습니다

긴급 사태

J'ai faim.
제　팡

soif
스와프

sommeil
쏘메이으

froid
프라

chaud
쇼

긴급상황 대처요령

각종 분실의 경우 : 관할 경찰서에 신고
- "Recepisse de Declaration de Perte ou de vol"(인수중), 사진 2매
- 버스나 전철 안에서 분실한 경우 : 01-40-30-52-00
- 분실물신고 : 01-45-31-14-80
- 카드, 수표책(Carnet de cheque) 분실신고 : 관할은행에 신고
  VISA : 08-36-69-08-80 / 01-42-77-11-90
  Master : 01-45-67-84-84
  American Express : 01-47-77-72-00

질병, 사고
- 구급차 : 15 / 경찰 : 17
- 응급구조 Pompier : 18, Samu : 01-45-67-50-50
- 응급약국 : 84, av. des Champs-Elysees 75008 Paris
  　　　　01-45-62-20-41

여행 스케줄

Date   /   /

구경거리

즐길거리

먹거리

숙박

경비

기타

여행 스케줄

Date   /   /

구경거리

즐길거리

먹거리

숙박

경비

기타

여행 스케줄

Date   /   /

구경거리

즐길거리

먹거리

숙박

경비

기타

여행 스케줄

Date   /   /

구경거리

즐길거리

먹거리

숙박

경비

기타

여행 메모

Free Note

여행 메모

Free Note

여행 메모

Free Note

여행 메모

Free Note

여행자 메모

Traveler's Note

여권번호
Passport No.

비자번호
Visa No.

항공권번호
Air Ticket No.

항공권편명
Flight Name

신용카드번호
Credit Card No.

여행자수표번호
Traveler's Check No.

해외여행보험번호
T.A. No.

항공권 예약

Day |

Time |

Flight Name |

담당자 |